다시,

헤겔을

읽다

다시,
헤겔을
읽다

사물의 본질을 통찰하는 법

이광모 지음

곰출판

| 차례 |

세계는 지금도 분쟁과 혼란 속에 빠져 있다. 세계사를 돌이켜 보면 더욱 그렇다. 멀리 갈 것도 없이 최근 백 년의 과거를 돌아볼 볼 때, 인류의 역사는 마치 몰락을 향해 달음박질하는 듯이 보인다. 종족이 종족을 학살하고 민족이 민족을 말살하려고 한다. 2차 대전 때 독일의 유태인 학살, 1915년 터키의 아르메니아인 대량 학살, 1937년 일본군에 의한 난징 대학살…… 뿐만 아니라 1948년 군경에 의한 제주도민 학살 등 수없이 많은 사람을 민족, 종교, 이념의 이름으로 학살해온 것이 인간의 역사이다.

이렇게 볼 때 인간의 역사는 야만의 역사이다. 하지만 이

것이 역사의 모습 전부일까? 물론 인간의 역사에는 이런 것만 있는 것이 아니다. 다른 한편으로는 억압과 가난으로부터 해방의 역사이기도 하다. 다시 말해 인간 하나하나가 주권자로서 인정받는 과정이었을 뿐만 아니라 누구든 물질적 풍요를 누릴 권리가 있음을 자각해 온 과정이기도 하다. 이렇게 본다면 인간의 역사는 오히려 이성의 역사라고 불러야 할 것이다.

놀라운 점은 이러한 역사의 과정과 모습이 한 개인의 인생 속에서도 동일하게 나타난다는 데 있다. 어떤 사람은 타인과 갈등 혹은 불화 속에서 자신뿐만 아니라 타인의 삶을 망가트리는 방향으로 평생을 보내는가 하면, 어떤 사람은 봉사하면서 자신뿐만 아니라 타인의 삶을 풍요롭게 만들고 삶과 존재의 깊이를 인식해 가면서 일생을 보내기도 한다. 그렇다면 역사의 과정과 인생의 과정이 이렇게 맞물리는 것은 우연일까? 물론 그렇지 않을 것이다. 왜냐하면 역사란 막연한 추상이 아니라 인간 개체들의 행위가 엮이고 서로 영향을 주면서 이루어 내는 하나의 커다란 물결이기 때문이다. 이렇게 본다면 역사의 주체는 한 개인의 행위라고 할 수도 없으며 개인과 분리된 공동체라고도 할 수 없다. 오히려 역사의 주체란 공동체 속의 개인 혹은 개인을 포괄하는 공동체라고 할 수 있을 것이다.

문제는 오히려 이처럼 야만의 역사일 수도 있고 이성의 역사일 수도 있는 역사를 인도하고 이끌어 가는 것이 무엇인가 하는 점이다. 헤겔이 볼 때, 역사는 분명히 인간의 역사이다. 하지만 이때 중요한 지점은 인간의 참모습이 무엇인가이다. 인간은 슬픔과 기쁨의 감정을 지니며 사물을 인식하고 눈에 보이는 것을 넘어서는 상징을 만들어 내며 초월적인 이상을 쫓는다. 이러한 모습들이 일상적인 삶의 내용을 이루지만 그렇다고 그것들이 인간을 인간이게 하는 것은 아니다.

헤겔이 볼 때, 이러한 삶의 내용 속에서 작동하며 그럼으로써 인간을 인간이게끔 하는 것은 다름 아닌 '이성'이다. 이성은 대상 혹은 타인에 대한 나의 사유나 행위를 반성할 수 있게 하며, 그러한 반성 속에서 참인 것이 무엇인지를 깨닫게 한다. 따라서 철학이 진리를 추구하는 한, 철학은 바로 이성에 의해 인도되어야 하며 철학의 내용 또한 이성적인 것이어야만 한다. 이렇게 볼 때, 야만의 역사란 거짓된 역사이며 그렇기 때문에 실재성을 갖지 못하는 역사이다. 오로지 이성의 역사만이 인간의 역사로서 현실적인 역사일 수 있다.

물론 이성이 인간으로 하여금 스스로를 반성하게 하며 그 반성 속에서 무엇이 참된 것인지를 깨닫게 한다고 해서, 이러한 이성이 자연스럽게 우리 사유와 역사를 자연스럽게 인도한다고 볼 수는 없다. 우리 역사가 이성의 역사이려면 그리고 개인이 우리라는 공동체 속에서 자신의 정체성을 실현하기 위해서는 이성이 그 토대임을 자각하려면 부단한 노력이 요구된다. 그 노력은 수없이 많은 절망과 두려움을 극복하는 과정이며 야만에 대해 투쟁하는 과정이다.

헤겔은 이를 곧 '스스로를 자각하는 이성'으로서의 '정신'이 '현상'하는 과정이라고 규정하며, 그 과정에 대한 서술을 '정신현상학'이라 부른다. 헤겔은 '정신현상학'의 서술을 통해 눈앞에 보이는 것, 즉 감각적인 것에 매몰된 개인의 인식이 어떻게 사물의 본질을 통찰하게 되는지 그리고 더 나아가 어떻게 '나'와 '우리'라는 큰 틀 속에서 세계를 바라볼 수 있게 되는지 그리고 마침내 모든 진리는 이성적으로 사유하는 인간의 자기 인식에 근거한다는 것을 어떻게 깨닫게 되는지를 보여주고자 한다.

'정신현상학'에 대한 간략한 고찰인 이 책을 통해 우리는 헤겔이 보았던 이성적 세계가 무엇인지 그리고 그가 생각했던 철학이 무엇인지를 알게 될 것이다. 아직도 혼돈과 폭력이 난무하는 일상 속에서 참된 현실이 무엇인지 혹은 무엇이어야 하는지에 대해 고민하는 독자라면 헤겔이 보았던 내용을 진지하게 성찰할 필요가 있어 보인다. 모쪼록 길지 않은 본문이 독자들에게 우리의 일상과 철학의 현실을 되돌아보는 기회를 줄 수 있기를 바랄 뿐이다.

이광모

1

백마 위의 세계정신

헤겔이 볼 때, 이성이 자신을 실현해 나가는 세계사의 흐름은
곧 위대한 인간 정신의 흐름이며 곧 세계정신의 흐름이다.
그러므로 나폴레옹은 곧 예나로 입성하는 '세계정신'이라고 할 법했다.

헤겔과 나폴레옹의 만남

1806년 10월 13일 아름답고 오래된 도시 예나에 포성이
울리기 시작했다. 포성이 점점 커질수록 서른여섯 살 젊은
철학자의 손은 빨라지기 시작했다. 10월 18일까지 원고를
넘겨주기로 하고 세계사의 한순간을 뜬눈으로 지켜보며
탈고 중인 철학자 이름은 게오르크 빌헬름 프리드리히 헤
겔(Georg Wilhelm Friedrich Hegel, 1770~1831)이었다. 포성이 잦아
들고 밖이 소란스러워졌다. 푸른 제복의 나폴레옹 군대는
그날 밤 프로이센 군이 지키고 있는 예나를 함락하고 성안
으로 입성하기 시작했다.

밖으로 나온 헤겔은 밝아오는 여명과 함께 진지를 순찰

하기 위해 하얀 백마를 타고 나온 적국의 황제 나폴레옹(Napoléon I, 1769~1821)을 직접 보게 된다. 작지만 다부진 몸매에 매서운 눈초리를 가진 나폴레옹을……. 이때의 감동을 헤겔은 친구에게 다음과 같이 편지에 적어 보낸다.

나는 황제가, 이 세계정신이 시가지를 지나 진지 정찰을 하기 위해 말을 타고 가는 것을 보았습니다. 이 한 지점에 집중하면서, 말을 타고 세계를 압도하고 정복하는 개인을 보는 것은, 실로 무엇이라 말할 수 없는 감동이었습니다.

헤겔은 적국의 황제를 보고 어째서 이렇게 감동했으며, 이 감동과 그의 사상은 어떤 연관이 있는 것일까? 이러한 의문을 풀기 위해서 먼저 헤겔 눈에 비친 나폴레옹이 어떤 사람이며 나폴레옹의 진격은 무엇을 의미하는지 살펴보자.

헤겔이 살았던 18세기 유럽은 전통과 혁명이 뒤엉켜 혼란스러운 상태에 있었다. 프랑스에서는 1789년 시민혁명이 성공하고 혁명의 와중에서 권력을 잡게 된 나폴레옹이 프랑스 제국을 건설하고자 유럽 전역으로 영토를 확장하는 전쟁을 시작한 터였다. 이때 독일은 여러 개의 영방 제후국으로 이루어져 있었는데, 북부에서는 프로이센이 남쪽에서는 오스트리아가 가장 강력한 제후국으로서 그 밖의 다른 제후국들을 제패하고 있었다. 당시 독일은 외적으로는 신성로마제국이라고 불렸으나, 실상은 제후들이 통치하는 300여 개의 아주 작은 제후국들로 이루어져 있었다. 심지어 작은 규모로는 베스트팔렌이라는, 약 3,000제곱킬로미터 정도에 지나지 않는 나라도 있었다.

각 제후들은 자신의 나라에서 절대군주로서 군림하였으며, 나름으로 귀족과 관료와 군대를 소유하고 있었다. 제후국 내부에서도 귀족·시민·농민이라는 엄격한 신분제가 유지되었으며, 제후는 그 위에 군주로서 군림했다. 이러한 제후들은 농민들이야 어찌 살건 관심이 없었으며, 오로지 프랑스식 궁정 생활을 동경하여 사치와 쾌락으로 일상을 보내고 자신의 정치적 야욕과 밖으로는 국경 싸움에 모든 힘을 소비하고 있었다.

시민들도 마찬가지였다. 제후가 직접 통치하는 자유시라는 것이 있었는데, 사실 이러한 시에서도 시민적 자유는 전혀 존재하지 않았다. 시장은 세습을 하고 자기들끼리 뽑은 시의원들이 결탁하여 사적 이익을 추구하는 데 여념이 없었다. 제후들은 이 와중에 사치와 상비군을 유지하기 위해 막대한 비용을 지출하면서 그 비용을 충당하려 더 많은 세금을 거두어들였다. 따라서 도시 주민이나 농민들은 가혹한 세금 때문에 황폐할 대로 황폐해졌다.

독일 역사학자들은 당시의 도시 주민이나 농민을 다음과 같이 표현한다. "농민은 무서운 억압 밑에서, 인간이라기보다 차라리 식물적인 존재로 근근이 삶을 유지하고 있었다." 이러한 현실은 각 나라가 당시에 의미 있게 간주하던 덕목 속에 잘 반영된다. 왜냐하면 프랑스혁명 이전 각각의 유럽 국가에서 영국인에게는 자유, 네덜란드인에게는 무역, 프랑스인에게는 영예가 가장 의미 있는 가치였지만, 독일인들에게는 복종이라는 말이 가장 구체적이고 현실적인 언어였기 때문이다.

독일은 왜 이렇게 피폐한 상황에 놓이게 되었을까? 그 상황을 이해하기 위해서는 독일의 역사를 살펴볼 필요가 있다. 독일은 애초 신성로마제국으로부터 출발했다고 할 수 있다. 동프랑크왕국의 오토 1세(Otto I, 912~973)는 962년 로마 교황으로부터 제관을 받고 황제에 취임하면서 당시의 동프랑크를 신성로마제국이라 선포했다. 따라서 교황으로부터 로마제국 황제의 계승자로 인정받고 이탈리아 통치까지 위임 받은 신성로마제국의 역대 황제들은 독일 국내 문제보다는 이탈리아 통치에 더 많은 관심과 노력을 쏟아부었다. 이로 인해 1300년경 독일 국내는 300개가 넘는 수많은 제후들에 의해 분열되기에 이르렀다. 그러자 황제의 권위는 단지 허울로만 남아 있을 뿐 실권은 점차 특정한 대제후의 손에 집중되었다.

이런 독일의 상황과는 반대로 영국이나 프랑스는 십자군 전쟁(1096년부터 13세기 후반까지 중세 유럽에서 기독교도가 팔레스타인과 예루살렘을 이슬람교도로부터 다시 찾기 위하여 7회에 걸쳐 일으킨 원정)과 백년전쟁(1337년부터 1453년까지 116년 동안 단속적으로 계속된 영국과 프랑스의 전쟁)의 결과로 봉건제가 무너지면서 군주권이 신장되고 점차 군주의 세력이 강해지면서 통일된 왕국을 이루어갈 수 있었다. 설상가상으로 이런 가운데 유럽 전역에서 신교와 구교를 중심으로 1618년부터 1648년까지 전개된 30년전쟁이 바로 독일의 영토에서 치러졌다. 베스트팔렌 조약을 통해 전쟁은 종결되었지만 그 후유증으로 독일 전역이 황폐해졌다. 이 와중에도 독일 남쪽은 오스트리아의 합스부르크 왕가가 통치를 하며 역대에 걸쳐 황제 자리를 차지하고 있었지만, 사실 유명무실했던 황제의 힘으로는 독일의 분열 상태를 수습할 수 없었으며 또한 북쪽은 나름대로 프로이센이 지배하고 있던 처지였다.

이렇게 답답한 독일의 상황에서 볼 때, 영국이나 프랑스처럼 국민적 의식이 고취될 수 있는 여지는 전혀 없었다. 물론 문화적으로는 프랑스로부터 영향을 받아 제후들은 대부분 프랑스식 궁정 생활을 흉내 내고 싶어 했으나, 전반적으로 프랑스인과 같은 시민 정신은 소유하지 못했다. 물론 이러한 사회 현실 속에서 독일의 지식인들은 질식할 것만 같았던 독일 사회에 언제나 순한 양처럼 따르지만은 않았으며 나름으로 반발도 하였다. 하지만 당시 사회에서 그들이 대학교육을 받았다고 할지라도 적당한 활동을 할 수 있는 자리를 얻기는 매우 힘들었다. 그들은 귀족 가문에 들어가서 자녀들을 지도하는 가정교사라도 하면서 연명하는 수밖에는 없었다. 그러다가 귀족의 보호를 받아 확실한 관직을 얻을 수만 있다면 그야말로 최고의 행운을 얻는 셈이었다.

따라서 이러한 지성인들이 아무리 통렬하게 사회 현실에 반발심을 느꼈다고 할지라도 그들 대부분은 시민적 자각에 근거한 정치적 행동을 보여주는 데 한계를 지녔다. 그들은 기껏해야 철학이나 문학 속에서 다시 말하면 사상적으로나 시나 소설 속에서 이념의 문제로서 '보편적 세계시민'의 문제를 다루었을 뿐이다. 하지만 역설적이게도 바로 이런 이유가 1770년대 독일에서 '질풍노도(Strum und Drang)'

라고 일컬어지는 낭만주의 운동이 일어나는 배경이 되기도 했다.

독일은 왜 프랑스에 감동했나

이러한 가운데 프랑스에서 1789년 시민혁명이 발생한다. '프랑스혁명'이라고 불리는 이 혁명은 사상적으로는 계몽주의에 바탕을 두었다. 1789년 프랑스는 유럽에서 부유하고 강한 나라 중 하나였다. 하지만 중세부터 유지된 봉건제도는 급속도로 변화하는 정세에 직면하여 계몽주의의 영향을 받은 개인과 부르주아 들에게 일차적으로 타도할 대상이 되었다. 마침내 1789년 7월 파리의 바스티유 감옥을 시민군이 공격하면서 혁명이 시작되었다. 프랑스혁명의 직접적 원인은 계몽주의의 보급, 절대적 왕권에 대한 부르주아의 분노, 영주에 대한 농민과 도시 빈민의 불만, 불평등한 과세 제도에서 비롯된 정부의 심각한 부채 등 여러 가지 복합적 요소들을 손꼽을 수 있다.

이 혁명에서 특히 주목할 것은, 혁명이 전개된 직후인 8월에 17개조로 정리되어 발표된 '인권선언문'이다.

인권선언문

제1조 : 모든 인간은 자유롭고 평등하게 태어났다.

제2조 : 모든 정치적 결사의 목적은 인간의 차연적이고 소멸
할 수 있는 모든 권리를 보전함에 있다. 그 권리란
자유, 재산, 안전 그리고 압제에 대한 저항 등이다.

제3조 : 모든 주권은 본질적으로 국민에게 있다. 어떠한 단
체나 어떠한 개인도 국민으로부터 명시적으로 유래
하지 않은 권위를 행사할 수 없다.

제4조 : 자유란 타인에게 해롭지 않은 모든 것을 행할 수
있는 권리이다. 자유에 대한 제약은 법에 의해서만
규정될 수 있다.

제5조 : 법은 사회에 유해한 행위가 아니면 어떤 자유도 금
지할 권리를 갖지 않는다. 누구도 법이 명하지 않은
것을 행하도록 강제할 수 없다.

제6조 : 모든 시민은 법 앞에 평등하므로, 그 능력에 따라
서 그리고 적성과 재능에 의한 차별 이외에는 평등
하게 공적인 위계, 직위, 직무 등에 취임할 수 있다.

옆 내용은 그 가운데 일부이다.

기록된 것처럼 '인권선언문'은 인간의 자유와 평등, 소유권과 저항권, 법 앞에서의 평등, 언론의 자유, 새로운 시민사회의 권리와 민주주의 원칙 등을 천명한다. 이러한 인권선언문의 사상적 토대는 말할 것도 없이 자유와 평등 사상에 기초한 계몽주의이다.

프랑스혁명을 통해 모든 사람의 자유와 법 앞에서의 평등을 만천하에 공포한 프랑스인들은 구제도를 무너뜨리고 각 국민이 주권이 되는 시민사회를 건설하였다. 이 모습을 지켜본 이웃나라 독일의 계몽주의자 지성인들은 부러움을 넘어 감동과 찬미의 목소리를 내기 시작했다. 왜냐하면 독일은 아직 절대 영주들이 지배하는 데다 계몽의 이념은 단지 지성인들의 머릿속에만 머물러 있을 뿐이었기 때문이다. 독일의 지성인들이 프랑스혁명에 대하여 얼마나 감동하였는지는 다음과 같은 시 구절에서도 분명히 나타난다.

프랑스는 자신을 해방시켰네.

금세기 가장 고귀한 그 행위가 올림푸스 산에까지 올라갔다네.

그런데 그대는 그렇게도 편협하여 그것을 알아차리지 못하니,

이 석양이, 이 밤이 그대에게 아직 그 광경을 어른거리게 하면,

세계사의 연대기를 다 들추어 그대가 할 수 있는 것,

그 고귀한 행위에 조금이라도 유사한 것을 찾아보라.

오, 운명이여!

이것은 1789년 프랑스혁명이 일어나던 해에 독일의 시
인 클롭슈토크(Friedrich Gottlieb Klopstock, 1724~1803)가 노래한
시이다. 이 시를 보아도 알 수 있듯이 당시 독일의 계몽적
지성인들은 프랑스혁명을 "금세기 가장 고귀한 행위"로 칭
송하면서 독일에서도 중세의 어둠이 걷히고 프랑스혁명과
비슷한 이성의 시대가 열리기를 소망하였다. 왜냐하면 그
들이 보기에 프랑스혁명은 구제도를 타파하고 인간이 스
스로 주인이 되어 역사의 주인공이 되는 사건이었기 때문
이다.

이처럼 프랑스혁명이 독일 지성인들에게 커다란 감동
을 주고 있을 때 헤겔은 20대 초반의 학생이었다. 한참 지
적 호기심과 열정을 지닌 나이의 헤겔은 다른 계몽적 지식
인들과 마찬가지로 프랑스혁명에 열광하고 커다란 감동을
받는다. 당시 헤겔은 튀빙겐 대학교 학생으로서 기숙사에
살고 있었다. 프랑스혁명이 발발하자 학생들은 흥분하여,
정치 모임을 결성하고 프랑스 혁명가를 합창하였으며, 프

랑스 신문에 실린 뉴스나 선전물을 입수하여 서로 돌려가며 읽었다.

이런 와중에 헤겔도 물론 정치 단체의 열렬한 회원으로 가입하였다. 그리고 어느 화창한 일요일에는 기숙사에서 같은 방을 쓰던 천재 시인 횔덜린(Johann Christian Friedrich Hölderlin, 1770~1843) 그리고 다섯 살 아래의 셸링(Friedrich Wilhelm Joseph von Schelling, 1774~1854)과 함께 튀빙겐 교외에 나가 '자유의 나무'를 심고 혁명가를 불렀다고 전해진다. 당시에 헤겔이 얼마나 프랑스혁명에 열광하였는가는 그의 노트에 적힌 문구에서도 잘 나타난다.

만일 천사들의 정부가 있다면, 그것은 민주적일 것이다. 이성이 있는 자유를!

젊은 날의 감격을 적은 글에서 알 수 있듯이 청년 시절부터 말년에 이르기까지 헤겔의 생각을 붙들었던 주제는 바로 '이성'과 '자유'이다. 세계사는 이성이 자신을 드러내는 과정이라고 볼 수 있다. 그리고 그 과정은 동시에 인간의 자유가 실현되는 과정이기도 하다. 헤겔로 하여금 역사와 인간 삶의 내용을 이성에 의한 자유의 실현으로 간주하게

끔 한 정치적 사건이 바로 프랑스혁명인 것이다.

물론 헤겔도 다른 독일 지성인들과 마찬가지로 프랑스혁명에 대하여 청년 시절부터 노년기에 이르기까지 일관되게 같은 내용으로 평가하지는 않았다. 처음에는 열광적으로 찬양하다가 혁명 세력이 과격해지면서 폭력을 사용하고 일반 시민들이 폭도로 변하면서 테러가 자행되자, 규제되지 않은 자유가 얼마나 위험한지 비판하면서 국가의 통제가 필요함을 역설하기에 이른다.

그럼에도 일관되게 헤겔의 마음을 지배하였던 것은 이성에 기초한 자유의 실현이었다. 즉 프랑스혁명을 정치와 역사의 현장 속에서 이루어지는 '이성의 구체적 실현'이라고 생각한 점에서는 전혀 변화가 없었던 것이다. 이것은 헤겔 사상의 핵심이 담겨 있는 후기 저서 『역사철학강의』에서 잘 나타난다. 이 책에서 그는 프랑스혁명이 정신의 "위대한 자유 의식에 있어서 진보"로 파악되는 역사 과정의 맨 마지막 단계라고 서술하며, 프랑스혁명의 세계사적 의미를 이성의 구체적 실현으로 규정한다.

"역사 속에서 이성이 실현된다."는 헤겔의 생각은 얼핏 추상적으로 들릴 수도 있다. 왜냐하면 마치 신이 있고 이 신이 인간의 역사에 개입하여 자신을 드러내듯이, 이성이라는 실체가 있고 그 이성이 인간의 역사 속에서 자신을 드러내는 것으로 생각하기 쉽기 때문이다. 하지만 이성이 역사 속에서 실현된다는 헤겔의 말은 간단히 말하면 역사가 이성적으로 전개된다는 말과 동일한 의미이다.

만일 역사가 이성적으로 전개되지 않는다면 그것은 어떤 의미일까? 그것은 인간의 삶이 혼돈과 무질서, 폭력과 기만으로 전개된다는 의미이다. 우리의 역사 과정을 한번 되돌아보자. 역사 속에서 인간은 끊임없이 반목하고 서로를 도륙하였다. 만일 그것에 머물렀다면 인간은 동물과 다를 바 없었을 것이다. 그러나 인간은 이러한 역사에 대하여 반성하였으며, 또다시 그러한 역사를 되풀이하지 않기 위해 적과 협정을 맺고 후세를 교육해왔다.

제2차 세계대전 때 독일인들이 자행한 유대인 학살을 잊지 않기 위해 아우슈비츠 감옥을 보존하고 끊임없이 후세에게 역사의 교훈을 전달하려는 노력도 인간에게 이성이 있기 때문이다. 이것이 바로 이성적 인간이 살아가는 방식이며 이러한 삶의 노력이 더욱 확대될 때 인간이 만드는 역사는 합리적이고 반성적이며 이성적이 되어가는 것이다. 이성이 역사 속에서 실현된다는 헤겔의 말은 바로 이와 같은 의미이다.

사실 많은 사람들이 역사를 말할 때 스스로 자각함이 없이 역사란 이성이 실현되는 과정이라고 생각한다. 구체적으로 우리의 정치 현실을 돌이켜보자. 대부분의 대통령은 자신이 재임 기간에 한 일에 대해 비록 당대에는 많은 비판과 비난이 있더라도 그 시기가 지나면 결국 자신이 옳았음이 역사적으로 평가받을 수 있다고 말한다. 이러한 주장의 바탕에는 역사란 전혀 무의미한 것이 아니라 결국 옳고 그름에 의해 평가될 수 있으며, 더 나아가 그 평가의 기준은 합리적이리라는 생각이 놓여 있다. 이때 합리적 평가의 기준은 이성이다. 이것이 바로 역사 속에서 이성이 실현된다는 의미이다.

지금의 관점에서 결혼 제도를 보면 일부일처제가 보편적이고 결혼 당사자들의 인권을 존중하는 합리적 제도라고 평가받는다. 하지만 가족의 역사를 살펴보면 예전부터 일부일처제가 결혼 제도의 보편적 형식으로 인정받지는 않았다. 애초에 혼인 제도는 일부일처제보다 일처다부제 또는 일부다처제가 널리 인정된 시기가 있었다고 많은 인류학자들이 말한다. 이러한 제도 속에서 남자들은 자연스럽게 축첩을 해도 사회적으로 그렇게 비난의 대상은 아니었다.

하지만 사람들이 이성에 의해 개인의 주체성과 인권을

자각하면서 이러한 제도는 합리적이지 않다는 사실을 깨닫기 시작했다. 특히 여성들이 스스로 자각하면서 일부다처제에 근거해 축첩 제도를 정당화하는 것은 비인권적이며 비이성적이라 생각하기 시작했다. 그리하여 남녀의 동등한 인격을 내세우며 일부다처제를 폐지할 것을 주장해왔다. 이러한 과정을 거쳐 일부일처제는 이제 너무나 당연한 결혼 제도로 안착되었다.

흘러가는 역사의 과정 속에서 이성을 가진 인간은 이처럼 사회제도와 공동체의 관습을 모든 사람이 평등하며 개인의 자유가 존중되는 합리적인 방향으로 만들어가기 시작했다. 바로 이러한 노력의 과정을 헤겔은 역사 속에서 이성이 실현되는 과정으로 이해했으며, 이러한 이성의 실현이 가장 극적이며 구체적으로 전개된 사건이 헤겔에게는 바로 프랑스혁명이었다.

프랑스 혁명에서 세계정신을 보다

아무리 그렇다 해도 나폴레옹은 적군의 황제가 아닌가? 어째서 헤겔은 적군의 황제인 나폴레옹이 예나에 입성할 때 그토록 감동을 받았을까? 이 물음에 답하기 위해 프랑스혁명 과정을 나폴레옹과 연관해서 다시 한 번 살펴보자. 이성의 구체적 실현 과정인 프랑스혁명을 단순히 프랑스 내에서 일어난 정치적이고 사회적인 혁명에 머무르게 하지 않고 세계사적으로 만든 인물이라면, 그 또한 세계사적 인물일 터이니 헤겔의 눈에는 그가 바로 나폴레옹이었다.

혁명이 일어난 후, 1793년 프랑스에서는 혁명 세력 가운데 하나인 자코뱅당이 권력을 잡고 공포정치를 자행했다. 이에 반발하여 귀족과 왕족은 테르미도르 반동을 일으키고 자코뱅당을 축출했다. 이런 와중에 프랑스 정치는 극도의 혼란 상태에 빠지고 결국 군부가 쿠데타를 일으킨다. 이 쿠데타를 통해 집권하는 이가 바로 제1통령으로서 나폴레옹 보나파르트였다. 집권에 성공한 보나파르트는 1804년 5월 18일 국민투표를 통해 왕정을 수립하고 나폴레옹 1세라는 명칭 아래 스스로 황제의 관을 쓰고 황제로 등극한다.

황제에 오른 나폴레옹은 정치적 야욕으로 절대 권력을 휘두르며, 프랑스혁명의 물결을 두려워하는 유럽의 다른 나라와 전쟁을 치른다. 이런 측면에서만 본다면 나폴레옹은 권력의 화신에 불과하다. 하지만 나중에 나폴레옹이 세

인트헬레나 섬으로 유배되면서 "나는 결코 정복자 정신으로 전쟁을 도발하지 않았다. 나는 영국 정부가 프랑스혁명에 반대해 일으킨 전쟁에 응전한 것이다."라고 말하였듯, 그가 전쟁을 통해 자유와 평등이라는 프랑스혁명의 이념을 정복지에 전파한 면도 있다. 그가 정복한 곳에서는 구제도가 무너지고 자유와 평등에 기초한 새로운 법률이 제정되었으며 인권선언이 유포되었다.

이런 와중에 1805년 나폴레옹의 프랑스혁명 의용군들은 오스트리아로 침공하여 오스트리아-러시아 연합군을 아우스터리츠에서 괴멸하고 이때까지 이어지던 명목상의 신성로마제국을 사실상 해체한다. 이어 1806년 7월 그는 라인 동맹을 만들어 자신이 독일 영주국들의 보호자라고 선포한다. 그러자 독일 북부에서 가장 강력한 제후국이었던 프로이센의 빌헬름 3세는 그때까지 지켜왔던 중립 원칙을 깨고, 1806년 10월 7일 나폴레옹에게 독일에서 물러나라고 최후통첩을 보낸다. 이것을 기회로 나폴레옹 군대는 북쪽으로 진격하여 1806년 10월 13일 프로이센의 예나를 침공한 것이다.

10월 13일 밤 성 밖에서 들리는 나폴레옹 군대의 포성 소리를 들으며 낡은 책상에 앉아 위대한 작품의 마지막 탈고를 위해 온 힘을 쏟고 있던 철학자, 헤겔이 마무리 짓고 있던 저작은 『정신현상학』이다. 이때 헤겔의 나이는 서른여섯이었지만 마음속에는 이미 20대 초반에 경험한 프랑스혁명에 대한 감동이 생생히 남아 있었으며, 단지 그 젊은 날의 감동을 이제는 더 이상 감정의 흥분이 아니라 냉철한 이성으로 이론화하고 체계화하는 데 몰두하고 있었다.

헤겔은 이즈음 괴테의 추천으로 예나 대학에 자리를 얻고 강의를 하고는 있었는데, 신분은 사강사였다. 사강사는 대학으로부터 고정된 급료를 받는 것이 아니라 매 학기 개설되는 강의와 그 수강 인원에 따라 임금을 받았으므로, 그는 당시 경제적으로 심각한 어려움을 겪었다. 따라서 니트함머라는 절친한 친구의 도움으로 밤베르크에 있는 출판사와 원고 계약을 체결하고 원고를 넘겨주기도 전에 원고료의 일부를 받아 생활비로 쓴 상태였다. 출판사는 헤겔에게 원고를 빨리 달라고 재촉하였으나, 원고는 생각처럼 그렇게 쉽게 쓰이지 않았다. 1806년 10월 18일이 원고 마감일로 정해진 터라 13일 나폴레옹 군대가 예나 교외에서 프로이센 군대를 격파하는 총성을 들으면서, 헤겔은 책상에 앉아 원고의 마지막 부분을 집필하는 데 몰두했다.

드디어 날이 밝았다. 총성은 더 이상 들리지 않았고 거리는 푸른 제복의 나폴레옹 군대로 북적였다. 헤겔은 밖으로 나가 주위를 둘러보았다. 저기 멀리 하얀 말 위에 다부진 체구의 젊은 황제가 앉아 있었다. 헤겔의 눈에 그는 자유와 이성의 전령사였다. 이제 예나도 새로운 이성에 기초한 법이 제정될 것이며 인권선언문이 발표될 것이다. 이것은 거스를 수 없는 세계사의 흐름이며 이성의 승리이다. 나폴레옹은 단순히 프랑스 황제로서 예나에 입성하는 것이 아니라 역사 속에서 자신을 실현하는 이성의 대변자로서 예나에 입성하는 것이다. 헤겔이 볼 때, 이성이 자신을 실현해 나가는 세계사의 흐름은 곧 위대한 인간 정신의 흐름이며 곧 세계정신의 흐름이다. 그러므로 나폴레옹은 곧 예나로 입성하는 '세계정신'이라고 할 법했다.

세계정신을 목도한 헤겔은 주위가 어수선한 상황 속에서 원고 마감일을 하루 앞둔 10월 17일 『정신현상학』을 탈고한다. 하지만 그는 곧바로 원고를 출판사로 보낼 수 없었다. 왜냐하면 전시 상황에 혹시라도 원고가 분실될까 염려스러웠기 때문이다. 그는 직접 원고를 가지고 다음 날 예나를 빠져나와 20일에야 비로소 출판사에 전달할 수 있었다. 이렇게 힘든 상황 속에 집필한 『정신현상학』 속에는 어떤 내용이 담겨 있을까?

내우외환 속에서 가까스로 출판한『정신현상학』은 한마디로 말해 매우 이해하기 어려운 책이다. 시간에 쫓기면서 썼기 때문에 충분히 퇴고를 하지 못한 이유도 있지만, 보다 더 근본적으로는 헤겔 스스로 소용돌이에 빠진 것처럼 집필에 빠져서 이론적으로 정연하게 다듬을 새도 없이 사상의 샘이 솟아오르는 대로 서술하였다는 데에도 원인이 있다. 그럼에도 이 책은 프랑스의 유명한 헤겔 주석가 알렉상드르 코제브(Alexandre Kojève, 1902~1968)가 "여기에 모든 것이 들어 있다."고 말했듯이, 헤겔의 전 사상뿐 아니라 철학사 속에서 이제까지 많은 철학자들이 논의한 내용은 물론, 인간 개인의 정신적 발전과 인류가 간직한 사상적 전개가 서술되어 있다. 따라서 이 책은 마르크스가 헤겔 철학의 탄생지라고 말했듯이, 헤겔 철학뿐 아니라 이후에 나오는 많은 철학적 논의를 이해하기 위해서 반드시 한 번은 짚고 넘어가야 할 책이라고 할 수 있다.

2

정신을 현상한다는 의미

『정신현상학』은 정신이 자기를 인식하는 과정에 대한 서술이다.
정신의 자기 인식은 헤겔이 볼 때 정신이 자기를 실현하는 과정이며
동시에 자신의 본질이 자유임을 밝히는 과정이다.

정신+현상학=?

『정신현상학』이라는 책에서 제일 먼저 우리 눈길을 붙잡는 것은 그 제목이다. 뭔가 어려운 내용이 들어 있을 것만 같은 낯선 제목이다. 하지만 차분히 한번 생각해보자. 우리는 '정신'이라고 하면 일반적으로 어떤 물리적인 것에 대립하는, '의식'에 해당하는 것으로 이해한다. 예를 들어 누군가 의식을 잃고 쓰러졌을 때 우리는 "정신을 잃었다"고 말한다. 하지만 정신은 이와 같이 의식만을 의미하는 것은 아니다. 따스한 봄날에 누군가 백일몽에 취해 있거나 아니면 성급한 일로 허둥댈 때, 우리는 그를 보고 "야! 정신 차려"라고 말한다. 이 경우 아무 생각 없이 멍하니 있지 말

고 사리를 분별하고 판단하라는 뜻이다. 물론 사리를 분별하고 판단하라는 것은 이성적으로 생각하라는 의미이기도 하다. 즉 징신은 '이성'이라는 말과 동일한 의미를 지니는 것으로 이해할 수 있다. 이러한 두 가지 경우가 한 개인에 국한해 정신이라는 표현을 사용한 것이라면, 다른 한편으로는 한 개인의 차원을 넘어 보다 광범위하게 정신이라는 말을 사용할 수 있다.

예를 들어 우리가 군인정신 또는 민족정신 등에 대하여 말할 때를 생각해보자. 이 경우 분명히 정신은 한 개인에 국한하여 사용되는 것이 아니라 한 집단에 대해 사용된다. 우리가 누군가에게 "당신이 그렇게 행동하는 것은 군인정신에 위배된다."고 말한다면, 그때 군인정신이라는 것은 현실적인 군인의 존재와 군대 체계와 상관없이 존재할 수 없다. 현실적인 군대 체계 그리고 그 속에서 행동하는 군인들이 사고하는 방식뿐 아니라 취해야 할 행동 방식을 의미한다. 이 경우 정신이라는 말은 거의 '문화'와 동일한 의미로 사용된다. 문화란 한 개인에게로 환원되는 것이 아니며 그렇다고 보편적인 실체가 있는 것도 아니다. 한국 문화와 독일 문화를 이야기할 때 분명히 차이가 있지만, 그 차이는 한 개인에게 나타나는 것일지라도 보편적인 한국

인과 독일인의 삶의 양식일 경우에 한에서 그런 것이다.

이렇게 본다면 정신이란 한 개인의 의식부터 사리를 분별하는 능력으로서의 이성 그리고 한 개인을 넘어 집단의 구성원이 공유하는 사유 방식 또는 행위 방식을 포괄하는 폭넓은 개념이다. 헤겔이 『정신현상학』에서 말하는 정신이란 독일어로는 가이스트(Geist)라고 표현되는데, 이 가이스트란 바로 '의식'과 '이성' 그리고 '문화'를 포괄하는 개념으로서 '정신'을 의미한다.

'정신'이 어떤 의미를 지니는지를 살펴보았다면, 다음으로는 '현상학'이라는 말이 무슨 의미를 지니는지 생각해보아야 한다. 사실 '현상학'이라는 말은 헤겔이 고유하게 사용한 용어는 아니다. 이 말은 이미 1764년 하인리히 람베르트(Johann Heinrich Lambert, 1728~1777)라는 사람이 자신의 저서 『새로운 유기관』(neues organ)을 저술하면서, 이 책의 4부에 해당하는 제목을 '현상학'이라고 붙인 적이 있다.

이 제목을 통해 그가 의도했던 것은 가상을 피하고 진리에 도달하자는 뜻이었다. 일상적인 대화에서 '현상'이라는 말은 아직 그 본질이 드러나지 않은 어떤 일이나 사물을 일컫는다. 물론 현상은 그냥 현상일 뿐 본질이 전혀 없을 수도 있다. 이러한 현상을 우리는 '가상'이라고 부른다.

현상이라는 말이 이 둘 가운데 어느 경우를 의미하든 상관없이 그것은 아직 진리가 아니라는 의미라 할 수 있다. '정신현상학'도 마찬가지로 이런 의미를 지닌다. 그것은 일단 '정신의 현상학'으로 이해될 수 있는데, 이는 정신이 아직 완전히 그 본래의 모습으로 드러난 것이 아니라 드러나는 과정에 있음을 의미한다.

만약 정신이 아직 드러나는 과정에 있다면, 그것은 온전한 의미에서 정신이라고 할 수 없다. 역으로 표현하면 정신은 아직 정신이라고 할 수 없는 과정을 두루 지나야 비로소 온전한 정신에 다다르게 된다. 헤겔은 『정신현상학』 속에서 정신이 처음에는 정신으로 이해되지 않지만 점차 정신으로 드러나는 과정을 서술한다. 즉 정신이 정신으로 드러나는 과정의 출발점은 물론 정신이다. 하지만 그것은 아직 온전히 드러나지 않은 정신이기 때문에 정신으로 파악되지 않는다.

앞서 말했듯이 정신은 의식이나 이성 혹은 문화양식으로서의 법체계나 예술, 종교 등을 망라한다. 그렇기 때문에 어떤 의식, 현상 혹은 이성적 사태 등은 정신의 현상이긴 하지만 아직 정신이 그 참모습을 온전히 드러낸 것이라 할 수 없다. 정신이 이러한 현상들뿐만 아니라 문화양식으로서 예술과 종교 전체로서 이해될 때, 정신이 자신의 모습을 비로소 온전히 드러냈다고 할 수 있다.

이때 중요한 것은 의식, 이성, 예술, 종교 등을 정신의 현상으로 이해한다면, 그때 이해하는 자는 누구이며 이해하는 능력은 무엇일까 하는 점이다. 물론 그때 이해하는 자는 우리 인간일 것이다. 좀 더 정확히 말하자면 우리 인간의 정신일 것이다. 그렇다면 정신이 그 모습을 온전히 드러내는 과정은 정신이 스스로를 정신으로 인식해 나가는 과정과 다르지 않다고 볼 수 있다. 『정신현상학』은 정신이 여러 과정을 두루 거치면서 비로소 정신으로 드러나며 자신이 정신임을 인식해 나가는 과정을 서술한다.

다시 말해 『정신현상학』은 정신이 드러나는 과정에 대한 진술이며, 정신이 자기를 인식하는 과정에 대한 서술이다. 정신의 자기 인식은 헤겔이 볼 때, 정신이 자기를 실현하는 과정이며 동시에 자신의 본질이 자유임을 밝히는 과정이다. 왜냐하면 정신의 본질이 의식이며 자기 인식이라면 정신이 스스로를 인식해 나가는 과정은 그 본질인 의식이 스스로를 실현해 나가는 일일 터, 그렇게 스스로를 정신으로 자신을 규정해 나가는 과정은 스스로를 주도하고 통제한다는 의미에서 바로 '자유'일 것이기 때문이다.

의식 경험의 학

정신이 정신으로 드러나기 위해서 거쳐 가는 과정이란 다름 아닌 의식, 이성, 그리고 문화양식으로서의 예술, 종교, 철학 등의 형태이다. 앞에서 우리는 정신이란 이러한 세 가지 형태를 모두 포괄하는 개념이라고 말했다. 그렇다면 정신이 정신으로 드러나는 과정 속에서는 이러한 형태들이 모두 나타나야 한다. 더욱이 이러한 형태들이 각기 서로 분리되어서 나타나는 것이 아니라 하나로 묶여서 그 모든 것들이 정신의 계기들로 밝혀져야 한다. 이 과정이 바로 『정신현상학』이 서술하고자 하는 내용이다. 이 과정은 정신이 자기를 깨달아 가는 과정이기도 하며 동시에 자신의 내용을 실현해 나가는 과정이기도 하다.

정신이 자기를 실현하는 과정이란 무엇을 의미하는지 어린 아이를 예로 들어 한번 생각해 보자. 아이는 아주 어리더라도 나름으로 의식을 지닌다. 그 아이는 감각적으로 아픔과 슬픔을 느끼고 어떤 물건이 먹을 수 있는 것인지 아닌지를 판단한다. 이런 의미에서 그 아이는 정신을 지니고 있다고 할 수 있다. 하지만 이때 나타나는 정신이란 아직 완전히 드러난 정신이 아니다. 왜냐하면 주어진 복잡한 상황에 대해서 아직 그 원인이 무엇인지 인식하지 못하며, 아직 이성적으로 판단을 하지 못하기 때문이다. 단순히 감각적으로 주어지는 것에만 익숙해 있을 뿐이다. 하지만 그 아이는 학교에 가서 공부를 하고 육체적으로 성장하면서 점차 복잡한 상황에 대하여 이성적으로 인식하는 방법을 배우게 된다. 그는 자연의 원리와 인간의 심리를 공부하면서 합리성이 무엇인지를 깨달아 가게 된다. 그에게 있어 정신은 이제 더 이상 단순히 감각적으로 사물을 파악하는 수준의 의식이 아니라 보다 높은 차원의 이성적 활동이다.

여기까지 성장한다고 해서 그 아이의 정신이 모두 드러나는 것은 아니다. 그 아이는 나이가 들수록 단순히 한 개인의 차원에서 생각하는 것이 아니라 그 자신을 넘어 타인과의 관계 속에서 생각하기 시작한다. 사춘기가 되면서 삶의 궁극적 의미가 무엇일까 물음을 던지기도 하고 이성교제 속에서 실연의 아픔을 겪기도 한다. 그리고 조금 더 나이가 들어 성인이 되면 사회 속에서 책임 있는 시민이 된다는 것이 무엇인지를 자각할 뿐만 아니라 보다 폭넓게 인류를 위해서 무엇을 해야 할지를 고민하기도 한다.

이쯤 되면 이 사람의 정신을 구성하는 것은 더 이상 단순히 한 개인의 양심이나 도덕성이 아니라 국가와 사회 그리고 역사를 망라하는 포괄적인 내용이 된다. 이 사람은 자기뿐만 아니라 타인도 정신적인 존재임을 자각한다. 그 자각 속에서 어떻게 살아야 자신뿐만 아니라 타인을 존중하고 서로 자유롭게 살 수 있을지를 반성적으로 성찰한다. 이 사람은 이제 성숙한 정신의 소유자이다. 삶의 원리를 깨달아 그렇게 살아갈 때, 자신의 삶을 실현하는 것이며 동시에 인류의 삶을 실현하는 것이 된다. 그는 진정한 의미에서, 즉 사회 속에서 자유인이 되는 것이다.

헤겔은 『정신현상학』 속에서 이러한 과정을 보다 구체적으로 서술한다. 그는 『정신현상학』에 '의식 경험의 학(學)'이라는 부제를 붙였는데, 그 이유는 정신이 정신으로 완전히 밝혀지기 전에는 단순히 의식으로 파악되기 때문이다. 의식은 대상을 경험하고 더 나아가 다른 의식을 경험한다. 의식의 경험은 점차 넓어져 급기야는 인류의 역사 차원에서 문화와 종교 그리고 철학을 알게 된다. 이러한 경험 속에서 의식은 이 모든 것이 정신의 내용이며 자기 자신이 곧 정신임을 깨닫는다. 자신이 정신임을 깨달은 의식은 자유로운 의식이다. 왜냐하면 '자유'란 스스로 자기 행동의 원인이 된다는 것인데, 이제까지 의식이 경험하는 모든 내용은 의식 스스로 만든 것임이 밝혀지기 때문이다.

인간이 거기에 있다는 것

우리는 여기서 잠시 헤겔에 대해 다음과 같은 의문을 품을 수 있다. 인간의 삶을 이루는 것은 정신이며 그렇기 때문에 인간과 그 세계를 이해하기 위해서는 정신의 과정을 살펴보아야 한다는 점이 인정된다고 할지라도 그것만으로는 부족한 것이 아닌가? 인간의 삶을 이루는 것에는 정신의 세계 말고 물질의 세계도 있지 않은가? 즉 현실 속에는 우리 의식의 경험과는 상관없이 그 자체로 존재하는 많은 것들이 있지 않은가?

예를 들어 다음과 같이 생각해보자. 은하계에는 우리가 알지 못하는 무수한 별들이 존재한다. 우리가 알고 있는 것들보다 알지 못하는 별들과 자연현상들이 훨씬 많을 수 있다. 그렇다면 그러한 별들과 현상들은 우리가 의식하고 경험하지 못하였기 때문에 은하계의 모습을 이루는 것이 아니라고 할 수 있을까?

이러한 물음에 직면해서 우리는 '의식의 경험'을 통해 헤겔이 의미하는 바와 더 나아가 관념론의 의미를 보다 상세히 이해할 수 있다. 헤겔은 모든 것은 의식의 내용으로 존재한다고 말한다. 물론 우리는 우리 의식의 경험과 상관없이 어떤 것이 존재할 수 있다고 생각할 수 있다. 하지만 그때 그 사물은 우리 경험과 상관없이 무엇인가 존재한다고 우리가 생각하는 한에서 그런 것으로 존재한다. 다시 말해 이미 그 사물은 경험할 수 없는 어떤 것으로 우리 의식의 경험 속에 놓이게 되는 것이다.

바로 이런 이유에서 헤겔은 "우리 의식의 경험과 분리해 생각할 수 있는 것은 아무것도 없다."고 말한다. 이때 우리 의식의 경험과 분리해 생각할 수 있는 것이 아무것도 없다는 말은 두 가지로 이해될 수 있다. 첫째는 모든 것이 경험을 통해 의식에 들어올 때 비로소 의미를 지닌다는 것이다. 둘째는 어떤 경험이 의미 있는 것이 되려면, 다시 말해 어떤 사태가 경험으로 인지되려면 그 사태가 이미 우리가 알고 있는 배경지식 속에서 이해되어야 한다는 것이다.

헤겔의 말을 단지 첫 번째 것으로만 이해한다면 헤겔의 철학은 주관적 관념론이 될 수 있다. 왜냐하면 주관적 관념론이란 사물이란 오로지 우리가 인식하는 한에서만 존재한다는 생각이기 때문이다. 하지만 헤겔의 말을 두 번째 것으로 이해한다면, 헤겔의 철학은 단순히 관념론이라고는 할 수 없게 된다. 왜냐하면 그것은 사물의 존재를 말하는 것이 아니라 오히려 존재에 대한 중립적인 이해 가능성을 말하는 것이기 때문이다.

일반적으로 헤겔의 철학을 관념론이라고 할 때, 그 관념론의 의미는 이렇게 이해되어야 한다. 즉 어떤 것의 의미는 우리의 개념적 틀 또는 배경지식 속에서만 주어질 수 있다는 것이다. 이런 까닭에 헤겔은 관념론이란 "인간이 거기에 있다는 것" 외에 다른 것을 의미하지 않는다고 설명한다. 하지만 문제는 이처럼 사물의 의미가 우리의 개념적 틀 또는 배경지식 속에서만 주어질 수 있다면, 이 개념적 틀은 어디에서 기인하며 배경지식은 애초에 어떻게 가능하냐는 물음이 제기될 수 있다.

헤겔이 볼 때 우리는 경험 이전에 이미 개념적 틀을 지닌다. 즉 개념적 틀은 선천적으로 우리에게 주어진다. 예를 들면 크기, 질에 대한 이해, 관계에 대한 이해 등은 경험에서 주어지는 것이 아니라 경험을 가능케 하는 조건으로서 미리 주어져 있다. 문제는 배경지식이다. 왜냐하면 배경지식이 가능하려면 배경지식이 없는 애초의 경험이 가능해야 하는데, 이러한 경험이 가능하기 위해서는 다시 배경지식이 전제되어야 한다는 모순이 발생하기 때문이다.

그뿐 아니라 애초의 경험이 어떻게 시작되는지에 대한 의문도 제기된다. 따라서 헤겔이 인간의 삶을 이루는 것

은 정신이며 그렇기에 인간과 그 세계를 이해하기 위해서
는 정신의 과정을 살펴보아야 한다고 주장하면서 정신의
현상을 서술하고자 한다면, 그는 이와 같은 의문에 해답을
제시해야 한다.

헤겔은 이에 대한 해답을 제시하기 위해 가장 단순한 경
험의 서술부터 시작한다. 물론 그때 가장 단순한 경험이라
할지라도 그러한 경험이 이미 배경지식을 전제하지 않는
다고 할 수는 없다. 물론 배경지식이 전제된다고 해도, 어
디까지가 배경지식이고 어디서부터가 순수하게 새로운 경
험이라고 말할 수 있을지도 분명하지 않다. 이런 상황에서
인간 경험의 총체로서 정신의 과정을 서술하려면, 일단은
어디가 됐든 경험을 서술해 보는 방법밖에는 없다.

물론 그 서술 속에는 새로운 내용과 배경지식에 의해 규
정되는 내용이 겹치게 될 것이다. 어떤 경험이 배경지식에
의해 포착되지 않을 경우, 그것은 배경지식을 변경하라는
요구로 다가올 수 있을 뿐 아니라 역으로 새로운 내용은
배경지식에 의해 거짓으로 판단되거나 기각될 수도 있다.

이렇게 본다면 경험이라는 것은 배경지식과 새로운 것이
확연히 구분되어서 서술될 수 있는 것이 아니라, 끊임없이
교착과 충돌을 통해 새롭게 규정되는 과정을 거치면서 형

성되어 가는 것으로 이해할 수 있다. 이렇게 형성되어 가는 과정은 그 과정 속에 있을 때는 모르지만 지나고 나면 인간의 역사와 문화 그리고 사상을 이루는 과정이 된다. 다시 말해 정신이 문화양식을 포괄하는 개념인 한, 그러한 과정은 총체적인 정신이 형성되는 과정이면서 그 정신이 드러나는 과정이 될 것이다.

『정신현상학』은 바로 이러한 과정을 서술한다. 다시 말해 『정신현상학』은 인간이 경험하는 내용을 서술한다. 이때 인간의 본질이 정신이며 정신은 인간의 의식과 이성 그리고 문화양식의 총체라고 한다면, 인간이 경험하는 내용은 곧 정신이 자기를 실현하는 과정이라고 할 수 있다. 하지만 인간은 자신들의 경험이 총체적 정신이 실현되는 과정이라고 누구나 이해하지는 못한다. 어떤 사람은 금방 그 내용을 이해할 수도 있고 또 어떤 사람은 그 전개 과정에 대하여 회의하고 비판할 수도 있다.

따라서 헤겔은 『정신현상학』을 서술하면서, 이 과정을 논리적으로 매우 조심스럽게 한 단계 한 단계씩 짚어 나가고자 한다. 그럼으로써 누구든 이 과정을 좇아간다면 결국에는 이 모든 것은 정신의 필연적인 활동이었음을 스스로 깨닫도록 하는 것이 헤겔의 의도이다.

위대한 부정의 힘

헤겔에 따르면 우리 의식적 경험 속에 들어온 것은 단순히 한번에 그 의미가 파악되지는 않는다. 우리는 의식적 경험을 할 때, 가장 먼저 감각적으로 주어지는 바가 사물의 참된 모습이라고 생각하지만 조금 더 생각해 보면 그렇지 않다는 사실을 알게 된다. 예를 들어 아름다운 여인을 생각해 보자. 우리는 그 여인이 아름다운 것은 그 외모 때문이라고 생각한다. 그렇다면 외모를 아름답게 만드는 것은 무엇인가? 그것은 얼굴의 윤곽과 눈, 코, 입 등의 비율이 적절하기 때문이다. 이렇게 본다면 아름다움을 만드는 것은 단순히 감각적인 것이 아니라 눈에 보이지 않는 의미에서 지성적인 것이다.

여기까지 생각한다면 아름다움을 다 이해했다고 말할 수 있을까? 결코 그렇지 않다. 왜냐하면 참된 아름다움이란 단순히 외모에서만 비롯하는 것이 아니라 그 사람의 바른 성품과 인격으로부터 비롯하는 것이기 때문이다. 성품과 인격이라는 것은 다른 사람과의 관계 속에서 드러난다. 따라서 아름다운 여인의 아름다움을 이해하기 위해서는 인간관계와 사회관계를 이해해야 한다.

헤겔은 이처럼 감각에 의해서 포착할 수 있는 것이 사물의 진정한 실재라고 생각하는 가장 소박하고 기초적인 단계로부터 출발해서, 보다 복잡하고 다양한 단계로 의식의 경험을 확대하고 심화하여 설명한다. 그에 따르면 종국에 가서 의식은 자신이 경험하는 그 모든 것의 의미를 이해하게 된다. 스스로 경험한 것을 스스로 이해한다는 의미에서 의식의 경험은 제약된 것이 아니라 절대적인 것이다. 따라서 의식의 경험이 도달하게 되는 마지막 단계는 절대적인 앎이다. 감각적인 의식으로부터 시작해서 절대적인 앎에 이르는 이 모든 과정을 헤겔은 체계적으로 배열하고 서술한다.

이러한 과정은 마치 그리스 신화에 나오는 오디세우스가 원정을 떠나 고향으로 돌아오는 과정과 흡사하다. 곳곳에서 오디세우스가 고난과 고초를 당하지만 좌절하지 않고 끝없이 힘든 과정을 헤쳐 나오듯이, 절대적인 앎으로 나아가는 정신의 긴 여정은 고난과 좌절의 연속이다. 그렇게 때문에 헤겔은 이러한 의식의 경험의 여정을 '절망의 길'로 묘사한다.

어찌 보면 이 과정이 절망의 길로 불리는 것은 당연한지도 모른다. 왜냐하면 우리가 어린이를 거쳐 사춘기를 지나

성년으로 성장하는 일은 아픔을 통해 성숙해지는 과정으로 이해될 수 있는데, 이 과정에서는 모든 것이 힘겨운 고난과 좌절로 느껴질 수 있기 때문이다. 사춘기 시절 청년은 인간과 세계에 대한 고민에 휩싸이고 그 고민 속에서 영혼은 고통스럽고 절망하기 마련이다. 하지만 그러한 고통과 절망은 그 자체로 끝이 아니라 보다 성숙하기 위한 과정일 뿐이다. 그렇기 때문에 성숙한 뒤에는 고난의 강도가 심한 만큼 더 삶에 대한 이해가 깊어진다.

헤겔이 정신의 여정을 절망의 길로 표현하는 것은 바로 이런 맥락이다. 특히 헤겔은 절망의 과정을 위대한 부정의 힘이라고 생각한다. 왜냐하면 지금은 나의 삶이 부정되는 듯 보이지만 사실은 이러한 아픔을 통해 한층 더 성숙해질 것이므로, 결국은 그 고통이 나의 삶을 성숙으로 이끄는 셈이기 때문이다. 헤겔이 말하는 '변증법'이란 바로 이러한 것이다. '변증법'이란 스스로의 존재에 위협을 느낄 만한 고통과 절망 속에서 보다 깊은 성찰과 성숙이 이루어지듯이, 부정을 통해 보다 높은 차원의 긍정으로 나아가는 것이기 때문이다.

일반적으로 이제까지의 많은 사람들은 절망과 희망을 다른 것으로 생각하였다. 그래서 절망한 사람에게 희망을 주려고 할 때, 절망을 넘어서 희망을 바라보라고 말한다. 하지만 변증법적으로 본다면 절망과 희망은 다른 것이 아니다. 절망은 그 자체가 희망의 한 계기이다. 왜냐하면 절망 속에서 우리는 우리 바람이 무엇인지를 가장 순수하게 인식할 수 있기 때문이다. 절망의 깊이는 곧 희망의 높이를 의미한다. 그렇다면 정신이 절망의 여정을 거치면서 어떻게 진리로서 자신을 드러내며 그 과정이 왜 정신의 자유의 실현인지를 좀 더 상세히 살펴보기로 하자.

사물을 이해하는 사람은 사물이란 더 이상 성질들의
정지된 집합이 아니라 그들의 끊임없는 통일 과정이라는 점을 이해한다.
헤겔은 그 과정을 힘 혹은 에너지라 부른다.

사물을 파악하는 단계

어떤 경우에 정신적 존재인 인간은 사물을 바라보면서 자신의 인식이 확실하다고 생각할까? 헤겔에 따르면 사람들은 대부분 감각적으로 무엇인가 확인될 때 자신의 인식이 가장 확실하다고 생각한다. 사실 이러한 생각은 일리가 있다. 왜냐하면 우리가 궁금히 여기고 토론을 벌이는 많은 논의들은 그 논의의 대상이 감각적으로 확인되지 않기 때문에 벌어지는 경우가 허다하기 때문이다.

네스 호에 괴물이 사는지, 천왕성에 외계인이 존재하는지, 제1한강교의 교각이 몇 개인지 그리고 심지어는 오늘 비가 오는지 등등의 이 모든 것들은 오감을 통해 확인이 되면 논의가 중단될 수 있는 것들이다. 즉 어떤 것이 감각적으로 확인된다면 그것은 현실적인 것이며 구체적인 것인 반면, 감각적으로 확인되지 않는다면 비현실적인 몽상이나 허구일 터이기 때문이다. 이렇게 본다면 현실적인 것을 인식하려는 인간 정신의 첫 번째 활동은 감각적으로 사물을 확신하는 일이라고 할 수 있다.

우리가 지난 밤 로또에 당첨되는 꿈을 꾸고 무척 좋아했는데 일어나 보니 꿈이었음을 알게 되었다면, 그때 우리는 "아 그건 꿈이었어!" 하고 말한다. 이 말은 그것이 현실이 아니었음을 의미한다. 다시 말해 꿈이라 함은 시간과 공간 속에서 표현되는 우리 요구를 충족시키지 못한다는 것을 의미한다. 어떤 것이 현실이려면 시간과 공간 속에서 나타나는 욕구를 충족해야 하는데, 이는 오로지 감각적인 것에 의해서만 충족되는 것처럼 보인다. 따라서 감각적인 것은 시간과 공간 속에서 파악될 수 있어야 하며, 역으로 시간과 공간은 어떤 것이 감각적인지를 판단할 수 있는 가장 근본적인 척도로 보인다.

헤겔은 시간과 공간 속에서 감각을 통해 확인할 수 있는 우리의 앎을 '감각적 확신'이라고 부른다. 그에 따르면 사람들은 대부분 일차적으로 감각을 통해 확인할 수 있는 것이야말로 가장 참된 것이라고 생각한다. 하지만 헤겔은 정말 그럴까 하는 물음을 제기하며 감각적으로 확인할 수 있다는 의미가 무엇인지를 다시 한 번 생각해 보자고 제안한다. 우선 책상 위에 감각적으로 확인할 수 있는 가방 속에 노트북 컴퓨터가 한 대 있다고 해 보자. 우리는 이것에 대하여 다음과 같이 말할 수 있다. "이것은 노트북이다!" 그렇다 이것은 노트북이다. 이때 이것이 노트북이라는 사실에는 누구나 동의할 수 있다. 사람들이 감각적으로 확인할 수 있는 사실만이 가장 분명한 것이라고 생각하는 근거이다.

하지만 그 컴퓨터는 바이러스에 감염되었다. 따라서 치료를 해야 하는데, 나는 컴퓨터에 대하여 잘 알지 못한다. 하지만 내 친구 병창이는 컴퓨터 프로그램에 대하여 잘 안다. 그래서 나는 병창이에게 바이러스를 치료해 달라고 부탁하며 컴퓨터를 그에게 주었다. 오늘 내 책상 위에 있는 것은 더 이상 노트북이 아니라 빈 가방이다. 상황이 이렇다면 이제 '이것은 노트북이다.'라는 판단은 더 이상 올바르지 않다. 그 판단은 어제는 옳았지만 오늘은 더 이상 올바르지 않다.

이것은 우리가 감각을 통해 확인하는 판단이 올바른 것

이라고 말하기 위해서는 시간 및 공간이라는 제약이 뒤따른다는 점을 의미한다. 다시 말해 '지금 여기에 있는 것은 노트북이다!'라고 말해야만 보다 구체적이며 의미 있는 진술이 된다는 것이다. 결국 감각적으로 확신할 수 있는 근거는 '지금' 및 '여기'라는 조건을 충족해야 한다.

이처럼 사물을 감각적으로 인식하는 것이 지금 그리고 여기서 그 사물을 확인한다는 의미라면, 아마도 감각적으로 사물을 인식하는 것이 가장 확실한 인식이 아닐까 하는 생각이 들 수 있다. 하지만 헤겔이 볼 때 그렇지만도 않다. 왜냐하면 '지금'과 '여기'라는 것도 다시 한 번 생각해 보면 그렇게 확실한 것도 아니며 생각하기 나름으로 다 달라질 수 있기 때문이다. '지금'은 2018년 8월 23일 오후 1시이며 '여기'는 서울의 한 커피숍이라고 생각해 보자. 이렇게 생각하는 순간 이미 시간은 흘러간다. 이제는 오후 1시가 더 이상 '지금'이 아니다. '여기'도 마찬가지이다. 내가 자리를 이동하는 한에서 '여기'는 더 이상 고정된 장소가 아니게 된다.

설사 시간과 장소가 고정된다고 생각해 보자. 내가 친구를 기다려야 하는 30분이라는 시간과 30분 동안 게임을 하는 시간을 생각해 보자. 모두 시계바늘이 반 바퀴를 돌아야 하는 시간이지만, 내가 누군가를 기다려야 할 때는 마치 1시간처럼 길게 느껴지고 게임을 할 때는 10분처럼 짧게 느껴진다.

그렇다면 우리가 어떤 사물이나 사태를 보았을 때, 나의 감각으로 확인 가능한 것이 가장 올바르다고 말할 수 있을까? 오히려 감각적인 것 자체가 나의 주관적 내면에 달려 있는 것은 아닐까? 예를 들어 같은 고통을 당할 때도 어떤 사람은 견디어 내는가 하면 어떤 사람은 못 견디어 내지 않는가? 결국 감각적인 것은 가장 객관적인 것이 아니라 오히려 주관적인 것들은 아닌가? 설사 주관적인 것이 아니라고 할지라도 지금과 여기를 객관적으로 고정할 수 있는가?

혹자는 주관적 느낌과 물리적 현상은 다르다고 말할 수도 있다. 즉 시간에 대해 주관적인 느낌은 다를 수 있지만 물리적인 양은 동일하다고 생각할 수도 있다. 이 경우 에스키모 사람들의 눈에 관한 이야기를 생각해 보자. 우리가 갖고 있는 눈에 대한 일반적인 표현을 생각해 본다면 함박눈, 싸락눈, 진눈개비 등 서너 개에 불과하다.

반면 에스키모들은 눈에 대해 수십여 개 이름을 가지고 있다고 한다. 그중 몇 가지 예를 들어 보면 다음과 같다.

이르구자크(집을 만들 때 쓰는 눈), 푸가크(결이 곱지 않은 눈), 마사크(봄에 얼음이 녹기 시작할 때의 부드러운 눈), 아케로카크(꽤 단단하지만 집을 만들 정도로 단단하지는 않은 눈), 가니크(지금 내리는 눈), 아투트(땅 위에 쌓인 눈), 마우야(매우 부드러운 눈) 등이 그러한 예이다. 물론 얼음으로 뒤덮인 망망대해에 둘러싸여 눈에 묻혀 사는 에스키모들이 눈에 대한 많은 정보를 갖고 있어야 한다는 것은 살아남기 위한 필수조건이다.

여기서 우리가 생각해 보아야 할 점은 실제 물리적인 눈은 우리에게나 에스키모에게나 별반 큰 차이가 없다는 사실이다. 하지만 그 눈에 대한 표현이 다른 만큼 실제로 다른 눈이 존재한다. 이것은 물리적인 세계의 사물이 얼마나 주관에 의존하는가를 단적으로 보여주는 예이다. 다시 말해 감각적으로 우리가 인식하는 특정한 물리적 현상은 근본적으로 우리가 어떤 표현 체계를 지녔는가에 따라, 그와 같은 물리적 현상으로 나타날 수도 있고 그렇지 않을 수도 있다. 우리 눈에는 에스키모가 확인하는 많은 눈이 보이지는 않는다. 하지만 각각의 눈에 대한 이름을 알고 난 다음에 눈을 살펴본다면 달리 보일 수 있다.

이러한 예를 통해서 분명해지는 사실은 일반적으로 생각하듯이 감각적으로 확신할 수 있는 것이 가장 확실한 것은 아니라는 점이다. 오히려 감각적 대상에 대한 앎은 우리가 사용하는 개념에 의해 규정된다. 그런데 일반적으로 개념이란 언어로 표현된다. 따라서 대상에 대한 앎은 우리의 언어 규정에 따라 달라진다. 이때 언어란 보편적인 것이다. 그러므로 언어에 의해 파악되는 대상은 모두 개별적인 것이 아니라 보편적인 것이다.

여기까지의 내용을 간단히 요약하면 다음과 같다. 즉 어떤 사물을 감각적으로 인식하는 것이 가장 확실한 앎인 것처럼 생각되지만 사실은 그렇지 않다. 감각적인 사물이 가장 구체적인 듯 보이지만 사실은 가장 애매한 것이다. 물론 개별적으로 감각되는 사물들이 보편적인 것으로 규정된다고 해서, 개별적 사물을 지시하려는 노력이 의미 없는 것은 아니다. 왜냐하면 "지금 내가 책상 위에 놓여 있는 것이 컴퓨터임을 안다."는 말을 통해 나는 '지금'이 2018년 8월 23일 오후 5시 31분이라는 것을 의미할 수 있으며, 비록 2018년 8월 24일에 내 책상에 있는 것은 컴퓨터가 아닐지라도 적어도 8월 23일 오후 5시 31분에 있던 것은 컴퓨터라는 것을 의미할 수 있기 때문이다.

그런데 이렇게 생각할 수는 없을까? 2018년 8월 23일 오후 5시 31분으로서의 지금은 24일이 아니라는 데에서 의미를 갖는 것은 아닐까 하고. 그렇다. 헤겔이 말하고자 하는 바가 바로 이것이다. '지금'이라는 것은 가장 개별적이며 구체적으로 보이지만 사실 그것도 다른 지금과의 연관 속에서만, 즉 다른 지금이 아니라는 사실을 통해서만 의미를 갖는다. 이렇게 본다면 모든 경험되는 것은 그 자체로서가 아니라 다른 것과의 연관 속에서만 의미를 지니며, 동시에 모든 개별적 사물은 사실 앎으로 규정되는 한 보편적인 것이라고 볼 수 있다. 헤겔에 의하면 이런 과정을 통해 우리는 다음과 같은 두 가지 사실을 확인할 수 있다.

첫째, 사물의 참모습은 일반적으로 생각하듯이 그렇게 감각적으로 확인 가능한 것이 아니다. 둘째, 가장 직접적이고 구체적인 것처럼 보이는 감각적으로 확인되는 사물도 사실은 다른 사물과의 관계 속에서 파악되는 보편적인 것들이다.

사물을 지각하는 단계

대상에 대한 우리 앎이 항상 보편적인 것이라고 한다면, 이제 우리는 감각을 통해 확인되는 것이 대상의 참모습이라고 더는 주장할 수 없다. 대상의 참모습은 오히려 보편성에 있다. 이는 다음과 같은 예를 통해 이해할 수 있다. 내가 어떤 여인을 아름답다고 느낄 때, 그 아름다움은 누가 뭐라고 할지라도 내가 지금 아름답다고 여기기 때문이다. 하지만 이때 내가 아름답다고 생각하면서 바라보는 여인의 그 아름다움이란 구체적으로 어떤 것일까?

일설에 의하면 양귀비는 매우 뚱뚱했다고 한다. 뚱뚱한 모습에 전족을 했으니 작은 발로 걷기라도 한다면 얼마나 위태롭고 웃길까? 마치 오리가 걸어가는 형상은 아니었을까? 하지만 당나라 때 사람들은 이러한 여인의 걸음걸이가 무척이나 여성적이며 매력적이라고 생각했다.

이처럼 아름다움이란 직접 감각을 통해 받아들이는 것이라고 생각할지 모르지만, 사실 우리가 지닌 아름다움에 대한 개념을 통해 어떤 감각을 아름다움으로 이해한다고 볼 수 있다. 개념은 보편적인 것이다. 따라서 감각적인 것을 감각적인 것으로 만드는 것은 보편적인 개념이다. 하지만 이 대목에서 다시 의문을 제기하는 사람도 있을 법하다. 감각적인 것을 표현하는 것은 개념이지만 그렇다고 감각적인 것을 개념으로 환원할 수 있을까? 다시 말해 감각적인 자극 자체, 즉 감각질(感覺質, 어떤 것을 지각하면서 느끼는 기분이나 심상)은 느낌인데 개념으로 표현되지 않는다고 해서 없는 것은 아니지 않은가?

물론 타당한 의문이다. 하지만 의식이 없는 자들에게 감각질이 느낌으로 다가올까? 의식이 있다는 것은 곧 생각이 있다는 것이고, 생각이 있다는 것은 곧 말로 표현할 수 있다는 것 아닐까? 이런 까닭에 헤겔은 모든 의미 있는 것들은 언어를 통해 개념화될 수 있는 것들이며, 그렇지 않은 것들은 우리의 삶 속에서 단지 '스쳐 지나가는 것들'이라고 말한다.

이러한 고찰을 통해 다음과 같은 결론에 도달할 수 있다. 우리는 사물을 바라볼 때, 더 이상 감각적인 것에 얽매이지 말고 그 대상을 이루는 본래 모습이 무엇인지 바라볼 수 있는 자세를 가져야 한다. 어떤 사물의 참모습은 감각적인 것이 아니라 보편적인 개념이라는 것을 깨닫게 된다면, 그 사람은 더 이상 사물을 감각만으로 파악하지 않는다. 헤겔은 그러한 사람을 사물의 본모습을 올바로 지각하는(wahr-nehmen) 사람이라고 말한다.

감각적으로 사물을 보는 것이 아니라 올바르게 사물을 보려는 사람에게는 이제 새로운 차원의 눈이 열린다. 예를 들어 하나의 사과가 있을 때, 그것의 본래 모습을 바라보려는 사람이라면 어떻게 볼지 생각해 보자. 이 사과에 대하여 아는 바를 누가 나에게 묻는다면 나는 이제 더 이상 감각적으로 느끼는 대로 이 사과에 대하여 말하지 않는다. 즉 나는 더 이상 단순히 사과를 들고 그에게 보여 주면서 '이것이 사과다'라고 말하지 않는다. 이 사과는 붉은 색을 띠며 맛은 달콤하면서도 신맛을 지니고 또한 모양은 둥근 모습을 하고 있다고 사과에 대해 설명한다.

이러한 설명은 모두 보편적 개념을 통해 이루어진다. '붉다' '달콤하다' '둥글다' 등 이 모든 특성들은 감각적인 것들을 표현해 주는 보편적 개념들이다. 이것이 보편적 개념인 이유는, 다른 사물에도 적용할 수 있다는 데서 분명해진다. 즉 붉은 색을 띠는 대상은 사과만이 아니라 잘 익은 감도 있으며 또한 잘 익은 수박도 있다. 둥근 것도 마찬가지이다. 복숭아도 둥글며 공도 둥글다.

사물의 고유한 특성이 이처럼 보편적 개념을 통해 표현된다는 것을 깨달았다면, 이제 우리는 사물의 본모습이 무엇인지 알았다고 말할 수 있는가? 그렇지 않다. 단순히 한 사물이 지닌 특성들을 파악했다고 해서 그 본모습을 올바로 파악한 것은 아니다. 그러한 사물의 특성들은 어느 특정한 사물에만 사용되는 것이 아니라 일반적으로 모든 사물에 사용될 수 있는 것들이다. 그렇다면 어떻게 해야 우리는 한 사물의 본모습을 올바로 파악했다고 할 수 있는가?

사물을 이해하는 단계

사과가 아닌 사람을 예로 들어 다시 한 번 생각해 보자. 우리가 누군가를 만났을 때, 우리는 그 사람에 대해 설명하기 위해 외모의 특성을 나열할 것이다. 그 사람은 눈이 동그랗게 생겼고 키는 작으며 이마는 좁다. 사실 이러한 모습을 지닌 사람은 많이 있다. 그리고 이러한 특성들은 어느 특정한 사람이 아니라 많은 사람에게 일반적으로 적용될 수 있다. 따라서 이러한 표현만으로는 내가 만나는 그 사람을 충분히 설명할 수는 없다. 그렇다면 특정한 사람에 대해 일반적 개념 말고 달리 표현할 방도가 있는가? 바로 여기에서 사물을 올바르게 지각하려는 노력이 한계에 부딪힌다.

이렇게 생각해 보자. 그는 분명히 둥근 눈과 작은 키 그리고 좁은 이마를 지녔다. 이러한 외모를 지닌 사람은 수 없이 많다. 하지만 그렇게 많은 사람들 모두 비슷한 특성을 지녔음에도 불구하고 서로서로 구별된다. 다시 말해 보편적으로 표현될 수 있는 외모의 특성들이 모두 결합하여 하나의 총체를 이루면서 한 사람의 고유한 외모가 형성된다. 이는 사물의 참모습을 파악하기 위해서는 단순히 감각적인 것에서 벗어나 보편적인 특성들을 파악하는 것만으로는 부족하며, 하나의 사물을 그 전체로 볼 수 있는 힘이 필요함을 의미한다.

세상의 모든 사물은 그것들이 하나의 사물로 이해될 수 있는 한, 다양한 성질들의 복합체이며 동시에 하나로서의 통일체이다. 그러므로 그 사물을 이해하기 위해서는 단순히 다양한 성질들을 나열만 해서도 안 되며, 반대로 다양한 성질들을 무시하고 단순히 하나의 사물이라는 점만을 이야기해서도 안 된다. 문제는 여기서 비롯한다. 왜냐하면 다양한 성질과 하나의 사물이라는 개념은 서로 배척되는데, 어떻게 두 개념이 묶여서 하나의 사물을 만들어낼 수 있는가 하는 물음이 생기기 때문이다. 다시 말해 둥근 눈과 작은 키 등의 특성이 어느 한 사람에게만 속하는 것이 아니라 여러 사람에게 속하는 성질이면서, 어떻게 동시에 어느 특정한 사람의 모습을 나타낼 수 있을까 하는 물음이 생기는 것이다. 만일 우리가 어느 한 사람의 자기동일성을 텅 빈 매체처럼 생각하고 그 사람이 지닌 특성을 보편적인 성질로 생각한다면, 이 물음에 대한 답을 찾을 수 있는 방법은 존재하지 않는다.

사실 이러한 문제는 전통적인 철학이 사물을 이해하는데 있어 부딪치는 어려움의 핵심이다. 왜냐하면 전통적인 철학에서는 어떤 사물의 본질이란 불변적이며 항상 자기동일적인 기체(Substrat)인 반면, 그 사물의 특성은 보편적 속성으로서 이 기체에 덧붙여지는 것이라 생각되었기 때문이다. 이 경우 보편적 속성은 모든 사물이 공유할 수 있는 것이므로 그 특정한 사물의 모습을 제시해 준다고 생각할 수 없다. 그렇다고 해서 이러한 속성들이 제거되고 나면 남는 것은 공허한 기체뿐이므로 이 기체가 그 사물의 특성이라고 할 수도 없다. 결국 한 사물의 참된 모습은 기체와 보편적 속성이 결합되어서 하나의 통일체를 이루어야 하는데, 논리적으로 이것이 어떻게 가능한가에 대해서는 결코 설명할 수 없기 때문이다.

헤겔은 사물의 참된 모습을 이해하는 데 있어, 사물을 기체와 속성으로 간주하는 이러한 전통적 이해는 잘못되었다고 비판한다. 왜냐하면 사물의 참된 모습은 고정된 기체 혹은 실체와 보편적 속성의 결합이 아니라 힘의 운동이기 때문이다. 오늘날의 표현대로 한다면 사물의 참된 모습은 에너지이지 결코 특정한 형태를 지니는 물질이 아니기 때문이다. 하지만 문제는 사물의 참된 모습이 에너지 혹은 힘이라고 할 때, 이러한 모습을 지각하는 우리 의식으로는 파악하기 어렵다는 점이다.

다시 말해 일상 속에서 우리가 지각하는 것은 힘의 현상일 뿐, 힘 혹은 에너지 자체를 지각할 수는 없다. 따라서 사물의 참된 모습이 공간적 형태를 지니는 물질이 아니라 힘이라는 것을 이해하는 일은 지각 작용일 수가 없다. 그것은 말 그대로 지각에서 주어진 것을 우리가 이해하려고 할 때 드러나는 것일 뿐 직접적으로 지각되는 것은 아니기 때문이다. 따라서 헤겔은 사물의 참된 모습은 더 이상 지각 속에서는 파악될 수 없으며 그것을 이해하려고 할 때 드러난다고 말한다. 이처럼 이해하려는(understand) 의식 작용이란 다름 아닌 '오성'(Understanding)이다.

헤겔은 사물을 다양한 성질들의 복합체이며 동시에 하나의 통일체로 파악하는 것은 더 이상 지각이 아니라 '오성'을 통해서라고 말한다. 독일어로 Verstand라고 표현되는 오성은 Verstehen이라는 동사로부터 유래한다. Verstehen

의 의미는 '이해하다'라는 뜻이다. 사물을 이해하는 사람은, 사물이란 더 이상 성질들의 정지된 집합이 아니라 그들의 끊임없는 통일 과정이라는 점을 이해한다. 그렇다면 이러한 통일 과정을 무엇이라고 표현하면 좋을까? 헤겔은 그것을 힘 혹은 에너지라 부른다. 여러 성질들의 통일체인 사물의 참된 모습은 힘이며 에너지이다. 물론 힘과 에너지라는 말은 여기서 같은 의미로 사용되지만 원래부터 그랬던 것은 아니다.

자연과학에서 힘을 에너지로 이해하기 시작한 시점은 18세기 들어서이다. 18세기에 에너지란 표현을 과학 용어로서 처음 사용한 사람은 영국의 물리학자인 토머스 영(Thomas Young, 1773~1829)이다. 그는 1802년 강의에서 처음으로, 그때까지 과학자들이 '살아 있는 힘' 또는 '운동량'이라 부르던 것을 에너지라 부르자고 제안하면서, 그 양은 질량에다 가속도의 제곱을 곱한 값이 될 것이라 말했다. 그 후 에너지란 표현은 조금씩 널리 받아들여졌고 그 의미도 지금과 같은 것으로 바뀌어 자리를 잡았는데, 애초에 에너지란 말이 생겨난 이유는 18세기 동안 여러 가지 힘이 알려졌으나 이 힘들을 공통으로 묶는 용어가 없었기 때문이다. 뉴턴이 주장하고 나선 천체들 사이에 작용한다는 만유인력, 돌턴에 의해 정리되고 있던 원자들의 서로 엉켜 붙는 듯한 힘, 그리고 파동이 전달되는 힘 등이 당시 알려지고 있던 자연의 힘이었다. 말하자면 이런 힘들을 묶어서 하나로 표현하기 시작한 말이 바로 에너지였다.

하나이면서 복합적인 힘

헤겔이 모든 사물의 본모습이 하나의 힘이라고 표현한 데에는 그가 당시 뉴턴 물리학의 세계를 받아들이고 그것을 철학적으로 설명하려 한 의도가 담겨 있다. 뉴턴에 따르면 모든 사물은 서로 당기고 미는 힘의 작용 속에 놓여 있다. 이때 힘이란 두 물체 사이의 상호작용에 기인하는 것인데, 예를 들어 설명하자면 우리가 망치로 쐐기를 칠 때 동시에 쐐기도 망치에 힘을 가하는 셈이다. 즉 첫 번째 물체가 두 번째 물체에 힘을 작용하면 두 번째 물체 역시 첫 번째 물체에 크기가 같고 방향이 반대되는 힘을 작용한다. 이처럼 힘들의 상호작용으로 존재하는 모든 사물을 포괄하는 보다 상위의 개념이 뉴턴에게 있어 만유인력이다.

세상의 모든 사물은 서로 끌어당기고 있다. 책상 위 연필과 지우개, 책과 컴퓨터, 핸드폰과 선풍기, 심지어 나와 유럽의 이름 모를 누군가 사이에도 미약하지만 당기는 힘이 작용하고 있다. 단지 힘의 크기가 매우 작아서 이 힘을 느낄 수 없을 뿐이다. 연필과 지우개 사이에도 당기는 힘이 존재하지만 그 크기가 다른 힘들에 비해 무시할 수 있을 정도로 작으므로 서로 가까워지거나 붙어버리지 않는다. 하지만 그럼에도 불구하고 서로 밀고 당기는 힘의 관계가 존재한다. 바로 이것이 거리에 상관없이 모든 물체들 사이에서 작용하는 만유인력이다.

모든 사물의 참된 모습을 힘 혹은 에너지로 보려는 생각은 동양에서 사물을 이해하는 방식과도 일치한다. 동양에서는 우주란 '기(氣)'라고 불리는 에너지가 끊임없이 모이고 흩어지는 과정으로 이해하기 때문이다. 이때 우주를 이루고 있는 기를 다섯 가지 형태로 풀어낸 것이 오행(五行)이며, 기가 구체적으로 구현된 것이 사물이고 인간의 몸이라고 본다. 어찌됐든 이제 사물의 참모습은 더 이상 감각적인 것도 아니며 그렇다고 단순히 보편적인 성질들의 집합체도 아니다. 그것은 하나의 힘이며, 동시의 복합적인 힘들의 체계이다.

사물의 참모습을 힘으로 이해하는 사람에게는 이제 세

계에 대한 새로운 이해가 열린다. 왜냐하면 힘이란 독립해서 존재하는 게 아니라 항상 쌍방향으로 작용할 때만 존재할 수 있기 때문이다. 이는 모든 사물은 각기 독자적으로가 아니라 상호작용 속에, 즉 서로의 관계 속에서만 존재할 수 있음을 의미한다. 모든 사물이 상호작용 속에 존재한다면 그 한계는 무엇일까? 사물들은 서로 연관되어 세계를 이룬다. 따라서 세계는 하나의 원리로 설명이 가능하다. 바로 하나의 원리인 만유인력으로 세계를 설명하는 것이 뉴턴의 물리학이다.

이렇게 본다면 철학이란 자연과학과 관계가 없지 않다. 오히려 철학이란 자연과학자들이 주장하려는 세계가 왜 그러한 것인지를 설명해 준다. 자연과학자들은 세계가 왜 힘이어야 하는지를 설명할 수는 없다. 단지 '세계는 힘들의 총체다.'라는 전제 속에서 모든 물리적 현상을 설명하고자 한다. 반면 철학자는 '세계가 왜 힘이어야 하는가.'를 설명한다. 이러한 설명을 정당화라고 부른다면 철학자는 자연과학자들의 세계가 왜 그런 것이어야 하는지를 정당화한다고 볼 수 있다.

헤겔에게 있어서 이 작업은 사물을 감각적으로 파악하는 것으로부터 시작해서 오성을 통해 참모습을 이해하는 정신의 여정 속에서 이루어진다. 이처럼 헤겔은 세계를 힘으로 설명함으로써 뉴턴적 세계관을 정당화할 뿐만 아니라, 철학사에서는 보다 중요한 공헌을 하게 된다. 그것은 다름 아닌 칸트 철학에 대한 극복이다. 그렇다면 헤겔은 세계를 힘으로 설명함으로써 어떻게 칸트 철학을 극복하는 것일까?

사물을 매개로 타인과 관계하는 자기의식, 즉 타인과의
관계 속에서 각기 자립적인 삶을 이끌어 가는 인간들의 총체 혹은
근본 특성을 헤겔은 '생명'이라고 표현한다.

칸트를 넘어서

데카르트 이래 사물 혹은 세계는 인식하는 주관과는 분리된 것이며 그 둘은 근본적으로 다르다는 생각이 근대 초기부터 일반화된 생각이었다. 데카르트에 따르면 사물은 연장 실체(구체적인 부피와 같은 공간을 차지하는 실체)이며 인식하는 주관은 사유 실체(연장과 달리 부피와 같은 것이 없는 실체)이다. 이 경우 세계에 대한 앎을 우리가 어떻게 얻을 수 있는가라는 물음에 대해 두 가지 답변만이 가능하다. 그 하나는 인식의 대상인 사물과 인식하는 주관이 서로 다른 실체라면, 엄밀한 의미에서의 인식은 성립 불가능하다는 것이다. 이러한 결론을 이끌어낸 철학자가 데이비드 흄(David Hume,

1711~1776)이다. 다른 하나는 그 둘이 근본적으로 다른 것인한, 인식이란 사물 자체에 대한 것이 아니라 우리에게 비추어지는 모습으로서의 사물에 대한 것, 즉 현상에 대한 인식이라는 것이다. 이러한 생각을 전개한 철학자가 바로 임마누엘 칸트(Immanuel Kant, 1724~1804)이다.

이 두 경우는 모두 참된 인식은 불가능하다는 점에서 공통점을 지니는데, 특히 칸트에 따르면 우리는 사물에 대해서 단지 겉으로 드러나는 현상만을 알 수 있을 뿐이며 그 내면의 참모습은 알 수 없다. 이것이 무슨 의미인지 이해하기 위해 앞서 눈의 예를 다시 한 번 생각해 보자. 에스키모들은 수많은 종류의 눈을 알고 있지만 우리가 아는 눈의 종류는 기껏해야 싸락눈, 함박눈, 진눈깨비 등 네다섯 가지라고 하였다. 그런데 이러한 차이는 물리적인 것에 그 원인이 있다기보다는 눈에 대한 우리 삶의 양식 혹은 그와 연관된 언어적 표현의 제한과 관련이 된다. 왜냐하면 에스키모에게는 눈의 종류를 구별하는 일이 생존과 직결되는 반면, 우리에게는 그렇지 않기 때문이다.

칸트가 눈에 대해서 말한다면, 필시 다음과 같이 말할 것이다. "우리는 눈에 대하여 눈 자체가 어떤 것인지는 알 수 없다. 단지 우리는 눈에 대하여 너덧 가지의 이름을 갖고 있을 뿐이며, 우리가 알고 있는 눈이란 바로 그 이름에 따라 구분되는 것이 전부이다."이처럼 칸트에게 있어 사물의 모습이란 항상 그것이 우리에게 비추이는 대로 혹은 우리가 파악하는 대로의 모습이지, 그 사물 자체가 어떤 것인지에 대해서 우리는 끝내 알 수 없다.

어찌 보면 지금 당연히 보일지도 모를 이러한 생각은 철학사에서 당대 엄청난 파장을 불러일으킨다. 왜냐하면 이제까지의 모든 과학자들과 철학자들은 항상 사물의 참된 모습이 무엇인지를 밝히고자 노력하였는데, 만일 칸트의 견해가 올바르다면 사물 자체의 모습을 탐구하려는 모든 노력들은 결국 헛된 일이 될 터이기 때문이다.

이러한 것은 비단 물리적인 사물에만 적용되지는 않는다. 왜냐하면 같은 내용이 인간, 사회 그리고 문화 현상 모두에 적용될 수 있기 때문이다. 인간에게 적용될 때, 우리가 타인과 진정한 의미의 의사소통을 하기란 불가능하며, 문화 현상에 있어서는 한 문화가 다른 문화를 이해하는 일도 불가능하다. 이러한 상황을 받아들이지 않으려면 사물 혹은 사람들이 서로 어떻게 교류할 수 있는지를 설명할 수 있어야 한다.

모든 사물의 본래 모습은 힘이며 그러한 사물의 총체로

서의 세계가 바로 우리가 설명하는 방식이라는 헤겔의 생각이 이 지점에서 도움이 된다. 그리고 칸트가 생각하는 견해와는 전혀 다른 결론으로 이끌어 준다. 힘이라는 것은 이미 설명했듯이 하나의 고정된 것이 아니라 서로 밀고 당기는 관계를 의미한다. 밀고 당기는 힘을 인력과 척력이라고 한다면, 그중 하나만 없어도 결코 힘이 성립될 수 없다. 또한 힘이란 그것이 힘으로서 작용할 때만이 힘이다. 즉 작용하는 것 없이 단순히 조용한 상태로서의 힘이란 존재하지 않는다.

물론 두 사물 가운데 힘이 균형을 이루면 겉으로는 아주 평온한 고요의 상태가 유지되는 듯이 보인다. 하지만 그러한 평형의 관계도 힘이라는 관점에서 본다면 내적으로 치열하게 밀고 당기는 작용이 이루어지고 있는 것이다. 단지 그 경우 밀고 당기는 힘이 동일할 뿐이다. 또한 힘이란 항상 작용할 때만이 힘이라는 말의 중요한 의미는 겉으로 나타나는 힘과 그 내면에 있는 힘은 다른 것이 아니라 같다는 데 있다. 즉 현상과 구분되는 힘 자체란 존재하지 않는다.

현상과 내면의 상호작용

현상으로서의 힘과 내면의 힘이 다른 것이 아니라면, 우리가 파악하고 있는 사물의 모습과 그 내면에 감추어진 모습이라는 구분은 더 이상 타당하지 않게 된다. 우리가 파악하는 모습 그대로가 사물의 내면적인 모습이며, 역으로 그 사물의 참된 모습은 곧 사물이 우리에게 드러나는 그 모습이다. 하지만 여기서 칸트를 추종하는 사람들은 다음과 같은 물음을 제기할 수 있다. 즉 사물의 본질은 힘이며 그렇기 때문에 그 내면과 현상이 같은 것이라고 할지라도, 우리 인간이 그 사물을 인식할 수 있는가 없는가는 또 다른 문제가 아닌가? 칸트는 바로 이 지점을 문제 삼은 것이 아닌가?

얼마든지 제기할 법한 물음이다. 하지만 모든 사물의 본질이 힘이라는 생각을 좀 더 깊이 들여다보면 이 물음에 대한 답을 구하기란 어렵지 않다. 왜냐하면 만일 모든 사물의 참모습이 힘이라고 한다면, 대상을 파악하는 우리와 파악되는 대상 사이의 관계도 힘으로 이해할 수 있기 때문이다. 다시 말해 우리가 대상을 능동적으로 파악하든지 아니면 수동적으로 파악하든지 상관없이 대상과 우리의 관계는 상호작용하는 힘이 된다.

그렇다면 겉으로 드러나는 사물의 모습과 감추어진 사물 자체의 모습이 서로 다른 것이 아니라 상호 작용하는 힘의 발현과 그 힘 자체이듯이, 사물과 그것을 고찰하는 우리의 관계도 마찬가지로 서로 작용하는 힘으로서 하나의 힘이 될 것이다. 이것은 결국 사물 속에서 현상과 내면으로 나타나는 힘이나 사물과 그 사물에 대한 우리 의식 사이의 관계로 현상하는 힘이 다른 존재가 아니라 같은 힘이라는 의미이다. 이것을 단순화해 보면 80쪽 그림과 같다.

이처럼 사물 속에서 현상과 내면으로 나타나는 힘과 사물과 우리 의식 사이의 관계로 나타나는 힘이 다르지 않고 같은 것이라면, 궁극적으로 우리는 사물의 내면 혹은 참 모습을 인식할 수 있다고 말할 수 있다. 이러한 논리에 의해 헤겔은 우리가 사물의 참된 모습을 인식할 수 있을 뿐만 아니라 더 나아가 인간과 인간 사이의 관계도 파악할 수 있다고 말한다. 왜냐하면 사물에게서 나타나는 힘 그리고 사물과 우리 사이에서 나타나는 힘이 다르지 않고 같은 것이라면, 결국 사물을 파악하는 일은 의식이 자기 자신을 파악하는 일과 다르지 않기 때문이다. 따라서 헤겔은 사물을 파악하는 의식은 결국 자기를 파악하는 의식과 다르지

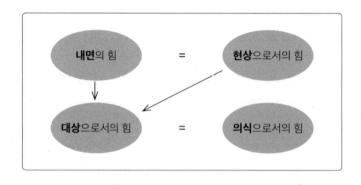

않다고 말한다. 이것을 단순화해 보면 81쪽 그림과 같다.

사물을 파악하는 의식이 곧 자기를 파악하는 의식과 다르지 않다는 것은 정말로 놀라운 철학적 발견이다. 이 발견을 통해 헤겔은 '독일 관념론'이라는 철학 사상을 완성한다. 우리가 여기서 완성이라는 표현을 쓰는 이유는, 이미 살펴보았듯이 관념론이란 "인간이 거기에 있다."는 것 외에 다른 것은 의미하지 않기 때문이다. 즉 인간이 거기에 있다는 말은 사물이 지니는 의미란 오로지 인간에 의해서만 부여된다는 말과 동일하다.

이때 문제는 "그렇다면 인간과 독립해서 의미 없이 그 자체로 있을 수 있는 사물은 없는가?" 하는 물음이 제기될 수 있다는 점이다. 이 물음에 대해 칸트는 "그렇다."고 대답하였다. 즉 인간이 인식할 수 없는 사물 자체가 있다는

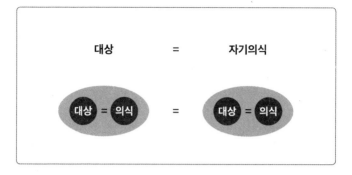

것이다. 하지만 이제 헤겔은 다음과 같이 말한다. "인간이 거기에 있다는 것은 곧 인간의 원리와 사물의 원리가 통일되어 있다는 뜻이다." 바로 이런 점에서 관념론은 더 이상 주관적인 사상이 아니라 객관적인 사상으로 간주할 수 있다.

헤겔이 철학사 속에 이뤄낸 성과를 계속 살펴보기 전에 여기서 짚고 넘어갈 점이 있다. 인간의 원리와 사물의 원리가 통일되어 있다는 말이 구체적으로 어떻게 이해될 수 있는지, 빛을 예로 들어 좀 더 살펴보자. 빛은 무엇인가 하는 물음에 대답하기 위해서 많은 물리학자들은 연구와 실험을 하였다. 그 결과 빛은 두 가지로 이해될 수 있다고 물리학자들은 말한다. 그중 하나가 빛은 파동이라는 설명이며, 다른 하나는 입자라는 설명이다.

햇빛 아래서 수면 위의 기름에 색이 생기는 것처럼 보이는 것은 빛을 파장이라고 생각하지 않는 한 설명되지 않는다. 반면 금속에 빛을 비출 때 나타나는 밝고 어두운 현상은 빛이 입자라고 보지 않으면 설명하기 어려운 현상이다. 그런데 문제는 빛에 대해 전혀 상반되는 이 두 견해 모두 합당하다는 점이다. 왜냐하면 빛을 관찰하기 위한 실험 조건이나 도구에 따라 때로는 빛이 입자로 관찰될 수도 있으며 때로는 파동으로 관찰될 수도 있기 때문이다. 결국 빛의 본질은 그것을 고찰하는 우리 상황과 근본적으로 분리해서 생각할 수가 없다.

이처럼 빛의 본질이 실험자의 행위에 의해 결정된다는 사실은 바로 사물의 원리와 그것을 고찰하는 의식의 원리가 다른 것이 아니라 하나임을 보여준다. 이러한 헤겔의 주장이 함축하는 가장 커다란 의미는 근대 이후 많은 철학자들이 풀고자 노력하였지만 실패한 문제에 대하여 하나의 해결책을 제시한다는 점이다.

생각한다 고로 존재한다

사실 근대 사상은 르네 데카르트(René Descartes, 1596~1650)의 그 유명한 "나는 생각한다. 고로 존재한다."는 명제로부터 시작된다고 해도 과언이 아니다. 데카르트는 모든 학문과 믿음의 가장 확실한 기초를 찾기 위해 노력한 철학자중 한 사람이다. 그는 기존의 모든 지식을 의심해 보고, 더이상 의심할 수 없는 인식의 아르키메데스적 입각점을 찾기 위해 모든 것을 최후까지 의심해 보고자 하였다. 왜냐하면 모든 학문의 확실한 토대를 구축하기 위해서는 모든것을 철저하게 전복한 다음 새로운 토대 위에서 다시 시작해야 한다고 믿었기 때문이다. 모든 것을 의심하는 과정을 거쳐 그는 의심하는 동안에 의심하는 내가 있다는 사실은 더 이상 의심할 수 없다는 결론에 도달한다. 이 결론으로부터 나온 명제가 바로 "나는 생각한다. 고로 존재한다."(cogito ergo sum)이다.

'생각하는 자아'를 발견한 데카르트는 거기에서 세계를 연역적으로 도출한다. 이때 세계는 두 개로 분리되는데, 하나는 사물들의 세계이고 다른 하나는 자아의 세계이다. 이 둘은 전혀 다른 것이다. 사물들의 세계는 물질적인 것으로서 연장(extension)이라는 특성을 갖는다면, 자아의 세계는 사유라는 특성을 갖는다. 이 두 세계는 특성 자체가 다르기에 결코 하나의 원리에 의해 설명될 수 없다. 이런 의미에서 데카르트는 이후 서양 사상을 지배하는 '근대 이원론'의 기초자가 된다.

데카르트의 생각을 이어받아 칸트도 가장 확실한 인식의 기초를 '자아'에 둔다. 자아는 대상을 대상으로서 가능케 한다. 왜냐하면 내가 대상에 대해 사유하지 않는 한, 그 대상의 의미는 주어질 수 없기 때문이다. 대상에 의미를 부여하는 자아는 이때 두 가지 관점에서 고찰될 수 있다. 하나는 대상을 인식하는 측면이며 다른 하나는 타인과 교류하는 측면이다.

자아가 대상을 인식할 때 그 인식 대상은 물리적인 사물들이다. 반면 타인과 교류하는 자아의 대상은 물론 다른 인간들이다. 칸트는 이러한 두 측면을 구분하여 전자는 이론적 영역으로서 필연성이 지배하며 후자는 실천적 영역으로서 자유가 지배한다고 말한다. 다시 말해 사물에 대한 인식은 필연성을 목표로 하는데 반해, 타인과 교류하는 실천은 자유를 목적으로 한다는 것이다. 이렇게 본다면 비록 두 영역이 자아로부터 설명되지만 그 원리가 완전히 구분되는 한, 칸트 역시 데카르트와 마찬가지로 이원론적 세계관을 갖고 있다고 할 수 있다.

이러한 상황 속에서 대상에 대한 고찰은 결국 자기에 대한 고찰이라는 헤겔의 설명은 대상과 자아의 원리가 다르지 않으며 하나임을 의미함과 동시에 삶의 실천적 영역과 인식의 이론적 영역이 하나로 통일될 수 있음을 의미한다. 그렇게 된다면 결국 데카르트 이래 서양 사상을 지배해 왔던, 대상을 고찰하는 이론적 영역과 인간들 사이의 관계를 고찰하는 실천적 영역이 구분되어야 한다는 이원론적 세계관은 지양된다. 하나로 통일된 그 세계는 결국 인간이 만들어 가는 세계이며 인간이 주인이 되는 세계이다.

여기서 자연 세계와 인간의 세계가 하나의 원리로 설명된다는 말이 상식적으로 언뜻 납득이 되지 않을 수도 있다. 이것을 이해하기 위해 간단하게 다음과 같이 생각해 볼 수 있다. 서울에서 부산까지 예전에는 기차를 타고 6~7시간을 가야 했다. 하지만 KTX와 같은 빠른 기차가 도입되면서 3시간이면 갈 수 있게 되었다. 그에 따라 우리의 모든 생활환경도 변하였다. 오전 7시에 전화를 해서 부산 친구와 점심 약속을 할 수도 있다. 그리고 다시 오후에 서울에서 영화관에 갈 수도 있다. KTX와 같은 기술은 인간 역사의 산물이다. 하지만 그 산물은 자연의 물리적 거리를 단축할 뿐만 아니라 인간 삶의 양식 또한 바꾼다. 자연을 고찰하는 이론직 영역과 인간들 사이의 실천적 영역이 결합되어 하나의 세계를 만든다. 인간의 역사와 자연환경의 변화는 상호관계 속에서 서로를 규정한다. 물론 이러한 하나의 세계 속에 주인이 되는 것은 인간이다.

대상에 대한 고찰이 자아 자신에 대한 고찰이라는 헤겔의 설명은 이처럼 근대 서양 사상이 지닌 이원론적 한계를 극복할 뿐만 아니라 더 나아가 헤겔 이후 등장한 사상가들에게 지대한 영향을 미친다. 특히 그 영향 속에서 자신의 철학을 형성하여 현실 세계를 바꾸는 데까지 적용한 사람이 바로 마르크스이다.

마르크스는 상품에 대한 분석을 통해 자본주의 아래서 전개되는 인간관계를 비판적으로 분석하였다. 다시 말해 상품과 상품의 교역관계 배후에는 인간관계가 숨어 있다는 것이다. 이때 인간관계란 물론 자본가와 노동자 그리고 그로부터 형성되는 사회의 구조적 관계이다. 마르크스로 하여금 이러한 관계를 파악할 수 있도록 이끈 논리적 토대는 바로 대상의 내면에 대한 고찰과 인간 자신의 고찰은 다르지 않다는 헤겔의 생각이었다. 이 부분은 나중에 다시 살펴보기로 하고, 『정신현상학』의 내용으로 되돌아가 보자.

욕구로서의 자기의식

헤겔은 대상에 대한 고찰 속에서 자기 자신을 파악하는 의식을 '자기의식'이라고 일컫는다. 의식은 이제 자기의식이 됨으로써 그 내용도 새롭게 전개된다. 왜냐하면 대상에 대한 고찰 속에서 의식이 자기를 파악하면, 그 대상은 더 이상 단순한 대상이 아니라 또 다른 자기의식이 될 터이기 때문이다. 결국 대상을 고찰하는 의식은 대상 속에서 또 다른 자아 혹은 자기의식을 만나게 된다. 이렇게 되면 대상을 고찰하는 의식과 대상의 관계는 단순히 사물과 인간의 관계가 아니라 인간과 인간의 관계로 파악되기에 이른다.

대상을 통해 자기의식에 도달한 의식이 그 대상 속에서 또 다른 자기의식을 만나게 된다는 것은 어쩌면 너무 당연한 과정일 터이다. 그러나 헤겔 이전에는 이러한 사실이 주목되지 않았다. 많은 철학자들은 사물과 인간은 근본적으로 구분되는 존재라고만 생각했을 뿐이며 그 둘이 어떻게 결합되는지는 생각하지 못하였다. 하지만 우리는 일상 속에서 많은 사람이 사물을 통해 자기 자신을 확인하는 경우를 흔하게 목격한다.

하나의 예로 자동차를 생각해 보자. 자동차라는 대상은 우리에게 우선 단순한 사물에 불과하다. 우리는 자동차를 바라볼 때, 사물로서 그 디자인과 색깔을 생각하고 또한 그 자동차의 힘이 어느 정도인지 배기량을 묻는다. 이런 과정 속에서 자동차에 대해 익숙해지고 나면, 자동차를 소유하고 싶은 생각에 이른다. 어떤 사람은 아담한 미니 자동차를 좋아하는가 하면 또 다른 사람은 중형차를 좋아할 것이다.

이때 이러한 상황을 가만히 들여다보면 사실 자동차는 더 이상 단순한 사물이 아니라 자기를 표현하는 수단이 됨을 알 수 있다. 빨간색 차를 선호하는 사람은 그 색깔의 자동차를 통해 자기 개성을 표현하며, 벤츠를 타고자 하는 사람은 그 차를 통해 자신의 부를 과시한다. 이쯤 되면 자동차는 더 이상 단순한 사물이 아니다. 그것은 오히려 그 소유주의 삶의 모습과 태도를 보여주는 수단이 된다. 다시 말해 자동차를 통해 소유주는 자기의 사회적 지위와

경제적 풍요로움을 자각하고자 하며 동시에 남에게 과시하고자 하는 것이다. 바로 이러한 상황을 대상을 통해 인간이 자기를 의식한다는 헤겔의 설명으로 이해할 수 있다.

이 단계에서 자동차와 소유주는 단순히 사물과 사람의 관계가 아니다. 오히려 그것은 사람과 사람의 관계가 된다. 자동차를 통해 나를 표현하고자 하는 연원에는 타인과 사회가 있다. 이렇게 본다면 자동차는 더 이상 단순한 사물이 아니라 인간과 인간의 상호 관계를 맺어주는 고리이며 동시에 사람 관계의 표현 방식이다. 이것은 비단 자동차에만 해당되지 않는다. 우리 주변에 있는 모든 사물은 사회적 관계 속에서 맺어지는 특정한 의미들을 지니며, 그 의미들을 통해 인간과 인간을 연결한다.

생명, 관계의 총체성

이처럼 인간과 인간의 관계 혹은 인간의 자기 자신에 대한 자각이 사물을 통해 매개된다면, 전통적으로 이해되어 온 데카르트나 칸트의 자기의식 이론이 얼마나 추상적인지가 드러난다. 이미 앞에서 살펴보았듯이 자아를 기초로 세계와 사회를 설명하려고 노력한 데카르트나 칸트에게 있어, 자기의식으로서의 자아는 경험 이전의 순수한 것이며 자립적인 것이며 그 자체로 존재하는 것이었다. 하지만 헤겔이 볼 때 자기의식으로서의 자아는 더 이상 세계와 독립적이며 그 자체로 존재하는 것이 아니다. 오히려 자아는 수많은 대상들과 연관되어 있으며 동시에 다른 자아와 상호연관 속에 있다. 그렇기 때문에 자아가 하나의 독립적 주체라 함은 무인도의 로빈슨 크루소처럼 공허하게 혼자서 있다는 뜻이 아니라 항상 관계 속에서 혹은 사회 속에서 자기의 존재를 인정받는다는 것을 의미한다.

사물을 매개로 타인과 관계하는 자기의식, 즉 인간의 근본 특성을 헤겔은 '생명'이라고 표현한다. 다시 말해 타인과의 관계 속에서 각기 자립적인 삶을 이끌어 가는 인간들의 총체란 곧 생명이라는 것이다. 여기서 흥미로운 지점은 이때 생명이 단순히 분리된 각 개인의 생명이 아니라 인류의 생명을 의미한다는 데 있다. 우리는 일상적으로 생명에 대해 말할 때 항상 개체의 생명을 말한다. 하지만 생물학자들은 생명이란 단순히 한 개체를 표현하는 특성만은 아니라고 말한다. 즉 어떤 종의 총체성과 연관된다는 것이다.

구체적인 예를 우리는 자연 생태계 속에서 찾을 수 있다.

모든 동식물들은 서식 환경이 극도로 악화된 상태에서는 그 종에 속하는 개체의 수를 줄인다. 반면 서식 환경이 호전되면 개체의 수가 증가한다. 이러한 현상은 단순히 생명을 한 개체에 국한하는 관점에서는 설명되기 어렵다. 비록 죽고 사는 것은 한 개체의 문제이지만 그 개체의 생명을 조절하는 일은 종적 차원에서 이루어진다. 바로 이런 관점에서 헤겔은 인간관계의 총체성을 생명이라고 표현하는 것이다.

동식물에게 있어서처럼 인간에게서도 마찬가지로 한 개인은 소멸될 수 있지만 인류는 번창할 수 있다. 하지만 이 때 분명한 것은 인류가 소멸하는데 한 개인이 살아남을 수는 없다. 이런 의미에서 인간은 유(類)적인 존재라고 할 수 있다. 인간을 이와 같이 유적인 존재로 바라보는 헤겔의 관점은 마르크스에게 뿐만 아니라 현대의 많은 사회이론가들에게 지대한 영향을 미친다. 우선 마르크스에게 어떤 영향을 끼쳤는지 살펴보자.

인간은 왜 욕망하는가

마르크스는 『경제학 철학 초고』에서 인간이란 근본적으로 유적인 존재라고 말한다. 인간이 유적인 존재라는 것은 인간은 인간으로 애초부터 태어나는 것이 아니라 인간으로 길러진다는 의미이다. 인간은 인간들 속에서만 인간일 수 있다는 것이다. 이 말의 의미를 좀 더 구체적으로 이해하기 위해 늑대 소년의 예를 생각해 보자. 갓 태어난 늑대를 인간 사회로 데려와 기른다고 할지라도 그 늑대는 결코 인간이 될 수 없다. 그것은 그냥 늑대일 뿐이다. 하지만 반대로 갓 태어난 아이를 늑대가 데려다 키운다면 어떻게 될까? 그는 결코 인간이 될 수 없다. 그는 겉모습은 인간이지만 그것을 제외하고는 모든 것이 늑대와 같을 것이다.

인간은 이처럼 인간들 속에서만 인간일 수 있는 유적 존재이므로 자신의 존재를 확인하기 위해서는 반드시 다른 인간들이 곁에 있어야 한다. 마르크스는 『경제학 철학 초고』에서 자본주의 상태에서의 인간은 이런 유적 존재로서의 인간 고유한 특성을 잃어버리게 된다고 말한다. 보다 자세한 내용은 차차 살펴보겠지만 여기서 분명히 지적하고 넘어가야 할 점은 마르크스가 자본주의를 분석하고 비판할 때 전제하는 인간상이란 바로 헤겔이 제시한 인간상에서 비롯한다는 점이다. 인간이 유적 존재라는 헤겔의 생각은 또한 최근의 사회이론가들에게도 중요한 영향을 미치는데, 그 구체적인 예는 바로 '자유주의'(Liberalism)와 '공동체주의'(Communitarianism) 논의이다.

인간이 비록 유적 존재이긴 하지만 그 자체만으로는 인간에 대한 깊은 이해를 얻을 수 없다. 인간에 대해 깊이 이해하려면 유적 존재인 인간이 구체적으로 어떻게 서로서로 관계를 맺으며 살아가는지를 살펴보아야 한다. 헤겔은 서로 다른 인간들과 관계 속에서 살아가는 인간의 모습을 '욕구'라고 표현한다. 즉 인간들 속에서 상호 연관되어 있는 인간의 본질은 욕구 혹은 욕망이라는 것이다. 이것은 인간이란 항상 무엇인가를 갈망하면서 살아간다는 의미이다. 무엇인가 갈망하는 것이 없다면 그 인간은 더 이상 살아 있는 인간이 아니다.

헤겔은 다음과 같이 말한다. 생명은 구체적으로 욕구 혹은 욕망으로 나타난다. 욕구한다는 것은 살아 있다는 증거이다. 누군가 우리에게 '인간은 왜 욕망하는가?'라고 묻는다면, 우리는 '생명을 유지하기 위해서'라고 답해야 한다. 생명을 유지하기 위한 인간의 욕구는 기본적으로는 생물학적인 것부터 시작해서 더 나아가서는 사회적인 것까지 매우 다양하다. 이것은 인간이 사물에 대한 파악 속에서 자기 자신을 깨닫는다는 사실과 논리적으로 동일한 맥락을 지닌다. 우선 인간의 욕구는 사물에 대한 욕구로 표현된다. 사물에 대한 욕구 중 가장 기본적인 것은 식욕이다.

인간은 살기 위해서 먹어야 한다. 먹는다는 것은 음식을 내 속과 동화한다는 의미이다. 또한 인간은 밤에 잘 수 있어야 한다. 편안한 잠을 자기 위해서 인간은 집을 짓는다. 집을 갖고 나면 인간은 더 나은 환경을 원하게 된다. 인간에게는 또한 성적인 욕구도 있다. 이를 해소하기 위해 인간은 이성(異性)을 필요로 한다. 물론 한 인간이 다른 인간을 그저 성적인 대상으로만 간주한다면 그 대상이 되는 인간은 사물이나 마찬가지이다. 성적인 욕구 외에 인간은 사회적인 욕구도 지닌다. 어떤 지위에 오르고 싶고 어떤 편안함을 누리고 싶어 한다.

이 모든 것은 욕구가 다양하게 나타나는 방식들이다. 하지만 여기서 주목해야 할 것은 욕구가 다양하다는 사실보다, 그 다양한 욕구가 한 개인의 삶을 이끌 뿐만 아니라 더 나아가서 인류 문명을 발전시키는 원동력이 된다는 점이다.

다시 말해 인류의 문명이 발전하는 이유는 이 욕구 때문이다. 왜냐하면 자연적인 상태에서 나무 열매나 물고기를 잡아먹으면서 생활하던 인간이 정착한 이유는 좀 더 안정적으로 먹을거리를 확보하기 위해서였으며, 한 번에 많이 확보한 음식을 저장하기 위해 저장 도구와 장치들을 고안하였고, 보다 더 쉽게 먹을거리를 구하기 위해 도구를 발전시켰기 때문이다. 이뿐만이 아니다. 인간은 짐승들의 위협과 추위로부터 벗어나 안락한 잠자리를 마련하기 위해 주거와 복식 문화를 발달시켰으며, 성적인 욕구를 충족시키기 위해 온갖 형태의 사회제도를 발전시켜 왔다.

3

변증법이라는 반전

헤겔은 인류의 역사란 생사를 건 투쟁의 역사라고 보며,
생사를 건 이 싸움을 주인으로 인정받느냐 아니면 타인을 주인으로
인정하느냐 하는 싸움이라는 의미에서 '인정 투쟁'이라고 부른다.

욕구의 무한성

욕구하는 인간들 사이의 관계를 헤겔은 '주인과 노예의 변증법'이라는 화두 아래 상세히 설명한다. 먼저 욕구의 근본 성격은 이미 말했듯이 대상이 있다. 욕구는 항상 무엇에 대한 욕구이다. 식욕의 대상은 음식물이며 성욕의 대상은 이성이다. 배고픔을 느낄 때 사람들이 먹을 것을 찾듯이, 성욕을 느끼면 이성에게 구애 활동을 벌인다. 자연적 욕구라고 할 수 있는 이러한 욕구들은 그 충족과 더불어 그 대상을 없애 버린다. 만일 이성이 단지 성적 욕구의 대상이라고 한다면, 욕구가 충족된 이후 그 이성은 욕구하는 자에게 더는 어떤 의미도 없을 것이다. 그렇다면 인간이

하나의 욕구를 충족했다고 해서 온전히 편안해질 수 있을까? 그렇지 않다. 만일 하나의 욕구가 충족이 된다면 뒤이어 그보다 더 큰 욕구가 따라오기 마련이다. 따라서 욕구에 대한 완전한 충족은 존재하지 않는다고 말할 수 있다. 하나를 가지면 둘을 가지고 싶은 법이다. 맛있는 것을 먹고 나면 더 맛있는 것을 찾는다. 성적인 자극이 충족된다면 더 강렬한 자극을 원한다. 헤겔은 욕구의 이러한 특성을 '욕구의 무한성'이라 일컫는다. 그렇다! 욕구는 무한하다. 생명이 끊임없는 욕구로 표현되는 한, 생명이 있다는 것은 끊임없이 욕구한다는 뜻이다.

식욕이나 성욕 등은 자연적인 욕구, 즉 무의식적 욕구이다. 하지만 욕구에는 이런 자연적 욕구 외에 또한 의식적 욕구도 있다. 타인과 더불어 살아가면서 인간은 무엇인가 성취하기를 욕망하며, 타인으로부터 인정받기를 원한다. 이러한 욕구를 사회적 욕구라고 부른다면, 인간의 사회란 결국 욕구와 욕구를 서로 충족하기 위해 충돌하는 현장에 지나지 않는다고 볼 수 있다.

사회를 욕망하는 인간들이 서로 투쟁하는 장소로 파악한 이는 홉스나 로크를 필두로 하는 근대의 사회계약론자들이다. 특히 이 가운데 토머스 홉스(Thomas Hobbes, 1588~1679)

는 인간을 이기적 본성을 추구하는 이성적 존재로 간주한다. 그가 볼 때, 인간이 타인에게 베푸는 배려심마저도 개인의 이기적 욕구를 충족하기 위한 동기에서 비롯한다. 따라서 인간은 이기적 욕구 때문에 서로 충돌할 수밖에 없다. 자연 상태(State of Nature)에서 인간들은 항상 자신의 생명을 잃지 않을까 전전긍긍해야 하는 야만적인 전쟁 상태 속에 놓인다. 이른바 '만인 대 만인의 투쟁'이 그것이다.

이와 같은 야만적인 전쟁 상태에서 인간은 살아남기 위해 이성(理性)을 사용한다. 위험에 처한 인간은 다른 인간에게 타협을 요청한다. 서로 상대의 생명과 재산을 해치거나 빼앗지 말자는 요구가 그것이다. 이러한 제안에 일단은 서로 동의할지라도 이기적인 인간은 상대를 신뢰할 수 없다. 따라서 그 계약을 문서화하고 그 계약을 강제적으로 수행할 수 있는 조직을 구성한다. 이러한 과정 속에서 사회와 법과 정부가 탄생한다. 이렇게 본다면 인간은 이성을 가진 존재이지만, 인간의 이성은 도구적 이성에 가깝다. 다시 말해 인간의 이성은 단지 이기적 욕구를 효과적으로 충족하기 위한 수단에 불과하다.

헤겔도 홉스와 마찬가지로 사회란 욕망을 가진 인간들이 서로 투쟁하는 장소라고 본다. 하지만 헤겔은 사회란 욕망

하는 인간들을 통제하기 위한 강제적인 조직에 의해 유지
된다고 생각하지 않았다. 홉스는 욕망하는 인간을 통제하
기 위해서 보다 높은 차원의 권력이 요구된다고 보았지만,
헤겔은 투쟁하는 인간들이 서로 부딪치며 사회와 국가를
형성해 나간다고 보았다. 이 과정을 헤겔은 변증법적이라
부른다. 이때 이 과정이 변증법적인 이유는 투쟁 속에서
나타나는 한 개인의 몰락은 몰락으로 끝나는 것이 아니라
새로운 형태의 관계를 만들며 결국에는 하나의 통일적인
사회를 만들어 가기 때문이다. 그렇다면 욕망을 가진 인간
들의 투쟁은 어떻게 사회를 형성하면서 동시에 개인의 욕
망을 충족할지 생각해 보자.

생사를 건 투쟁

인간들이 서로 투쟁하는 이유는 이미 말했듯이 근본적
으로 자신의 욕구를 채우기 위해서이다. 배가 고플 때, 배
고픔을 해결하기 위해서는 내 앞에 있는 사과를 먹어야 한
다. 이는 곧 욕구란 그 대상을 없애는 방식으로 충족됨을
의미한다. 하지만 문제는 여기서 나타난다. 왜냐하면 욕구

의 대상이 없어진다면, 처음에는 그 욕구가 충족될 수 있을지 모르지만 다시 나타나는 욕구는 더 이상 충족될 수 없다. 왜냐하면 더 이상 충족할 수 있는 수단이 존재하지 않기 때문이다.

그렇다면 어떻게 해야 지속적으로 욕구를 충족할 수 있을까? 만일 사과가 대상이라면 욕구를 충족하기 위해서 단순히 사과를 먹어 치우기보다는 사과나무를 심으면 더 많은 욕구를 충족할 수 있지 않을까? 따라서 인간은 더 많은 욕구를 충족하기 위해 자연을 가공하기 시작한다. 배고픔으로 인해 생기는 욕구를 충족하기 위해 밭을 경작하기 시작하며, 편안한 잠자리에 대한 갈망을 충족하기 위해서 나무를 자르고 돌을 깎아 집을 짓기 시작한다. 이러한 욕구를 충족하기 위한 노력과 더불어 놀라운 변화가 일어나게 된다. 왜냐하면 단순한 나무 혹은 돌이었던 것들이 아름다운 기둥과 계단으로 새롭게 태어나기 때문이다.

욕망하는 존재자로서의 인간은 그 욕망을 충족하기 위해 노동하기 시작하며 자연에 자신의 의도를 새겨 넣기 시작한다. 이와 함께 욕구의 대상인 자연물은 인간과 인간의 관계 속에 포함되기 시작한다. 하지만 이때 문제가 또 발생한다. 왜냐하면 인간들이 서로 욕구하는 내용은 비슷한 데 반해 그 욕구를 충족해 줄 대상은 한정적이기 때문이다. 예를 들어 배가 고픈 사람 셋이 있는데 먹을 수 있는 빵이 하나밖에 없다면 어떻게 될까? 십중팔구 셋은 서로 빵을 차지하기 위해서 싸움을 벌이게 될 것이다.

욕망하는 인간들은 서로 투쟁하기 시작한다. 더 많은 자연물을 소유하기 위한 싸움이 시작된다. 하지만 서로가 절실한 상황 속에서 전개되는 그 싸움은 낭만적인 전투가 아니다. 그것은 만일 패한다면 목숨을 잃고 마는 치명적인 싸움이다. 결국 욕망하는 인간들의 싸움은 목숨을 담보로하는 사느냐 죽느냐의 싸움이 된다. 내가 타인의 목숨을 노리면서 싸움을 하는 만큼, 나 또한 나의 생명을 걸어야한다. 헤겔은 욕망하는 인간들이 욕망을 충족하기 위한 싸움을 '생사를 건 투쟁'이라고 부른다.

헤겔이 볼 때 인류의 역사는 생사를 건 투쟁의 역사이다. 이 투쟁 속에서 살아남는 자들은 그 시대를 지배하였으며 패배한 자들은 소멸되어 왔다. 자연을 정복하고 인간 사회를 구성하는 모든 인간의 역사가 투쟁이라면, 그 투쟁의 궁극적인 목적은 무엇일까? 물론 일차적으로는 생명을 유지하기 위한 노력일 것이다. 하지만 헤겔은 이 투쟁의 역사 속에서, 단순히 욕망을 충족함으로써 생존을 유지하는 차원이 아니라 보다 높은 새로운 차원이 있음을 알아차린다. 인류의 역사 전체를 관통하는 보다 근본적인 차원으로서의 그것은 다름 아닌 '자유'이다.

헤겔이 볼 때 욕망을 추구하는 인간은 자유를 추구하는 인간이다. 왜냐하면 자유라 함은 타인의 강요에 의해서가 아니라 스스로 행위의 주인이 되는 것을 의미하는데, 그러기 위해서는 우선적으로 욕망이 충족되어야 하기 때문이다. 다시 말해 나에게 먹고 싶은 욕망이 있는 한 나는 자유롭지 못하다. 왜냐하면 그때 나는 음식물에 종속되기 때문이다. 자유롭기 위해서는 음식물이 끊임없이 공급될 수 있도록 노동을 해야 한다. 밭을 갈고 씨를 뿌리고 수확하고 새로운 농기구를 개발해야 한다.

사람과의 관계에 있어서도 마찬가지이다. 타인이 나의 욕망을 제어하는 한 나는 자유로운 인간이 될 수 없다. 왜냐하면 타인은 나의 욕망을 충족할 수 있는 음식물을 나에게서 빼앗아 갈 수도 있을 뿐만 아니라 내 행동 또한 제지할 수도 있기 때문이다. 자유인이 되기 위해서 나는 자연을 가공하는 일과 마찬가지로 타인과 목숨을 건 투쟁을 해야 한다.

이렇게 본다면 욕망을 충족하기 위해 문명과 역사를 이

루는 일은 결국 자유를 얻기 위한 과정이 된다. 인간은 생명을 유지하기 위해 노동을 해야 한다. 그런데 이 노동 속에서 인간은 인간으로서의 자유를 성취한다. 그렇다면 욕망을 충족하기 위한 투쟁 속에서 자유가 어떻게 구체적으로 성취되는지 이해하기 위해, 생사를 건 투쟁의 모습을 좀 더 자세히 들여다보자.

생사를 건 싸움에는 그것이 싸움인 한, 반드시 승자가 있고 패자가 있기 마련이다. 만일 이때 내가 승자가 된다면 나는 패자인 타인을 어떻게 대할까? 패자를 죽임으로써 내가 싸움에 승리했다는 사실을 모든 사람에게 알리는 게 현명할까? 아니면 패자를 죽이지 않고 살려둠으로써 나를 위해 봉사하도록 부려먹는 편이 나을까?

싸움의 원인이 무엇이었는가를 생각하면 이 물음에 대한 답은 분명하다. 애초에 내가 싸움을 시작한 이유는 타인의 목숨을 빼앗기 위함이 아니라 나의 욕구를 충족하기 위해서였다. 하지만 그 과정에서 서로 물러날 수 없었고 불가피하게 결국은 생명을 담보로 하는 싸움에 이른 것이다. 만일 내가 패자를 살려둠으로써 나를 위해 농사를 지으며 집을 짓게 한다면, 나는 그 패자가 살아 있는 한 계속해서 편안하게 나의 욕망을 채울 수 있지 않겠는가!

헤겔은 욕구를 충족하기 위한 싸움에서 승리한 사람을 주인이라고 일컫고 실패한 사람을 노예라고 일컫는다. 결국 생사를 건 싸움은 주인과 노예를 결정짓기 위한 싸움이 된다. 만일 내가 싸움에서 진다면 나는 싸움의 승리자를 주인으로서 받들어 모셔야 한다. 반면 내가 싸움에서 이긴다면 나는 패자로부터 주인으로 인정받고 섬김을 받을 수 있다. 따라서 헤겔은 생사를 건 이 싸움을 주인으로 인정받느냐 아니면 타인을 주인으로 인정하느냐 하는 싸움이라는 의미에서 '인정 투쟁'이라고 부른다.

이러한 인정 투쟁의 결과, 주인은 노예에 의해서 주인으로 인정받을 뿐만 아니라 노예가 생산한 모든 생산물을 얻는다. 노예는 자신이 생산한 모든 생산물을 주인이 가져가므로 생존하기 위해 더욱 더 주인을 위해 노동해야 한다. 노예는 일생 동안 주인을 위해 사물을 가공해야 하며, 스스로 주인에게 예속되어 있음을 인정해야 한다.

반면 주인은 노예가 생산한 생산물을 단지 소비하고 파괴함으로써 향유한다. 그리하여 주인은 자연 상태에서 근근이 생존을 유지하는 정도의 욕구 충족 상태를 탈피하여 향유하는 삶을 누릴 수 있다. 주인이 인정 투쟁에서 죽음의 공포를 넘어 자유를 쟁취한 사람이라면, 노예는 인정 투쟁에서 죽음에 대한 공포 앞에 스스로를 포기한 사람이다. 따라서 주인은 사회적으로 인정받고 자유로운 사람인 반면, 노예는 굴욕과 복종 속에 살아가야 하는 사람이다.

헤겔이 강조하는 지점이 바로 여기에 있다. 인류의 역사는
이러한 노동에 의해 만들어져 왔다. 따라서 인류의 역사는 투쟁의 역사이지만
동시에 인간의 자아를 실현해 간다는 의미에서 자유의 과정이다.

변증법이라는 반전

헤겔이 들려주는 주인과 노예의 변증법 이야기는 싸움
에서 승리한 자는 주인이 되고 패배한 자는 노예가 된다는
데에서 끝나지 않는다. 오히려 이 싸움에서는 헤겔이 변증
법이라고 일컫는 반전이 새롭게 이어진다. 이 반전을 살펴
보기 위해 먼저 노동하는 노예의 모습을 들여다보자.

노예는 주인을 위해서 자연물을 가공해야 한다. 하지만
이러한 가공 과정 속에서 노예는 점차 자연물을 더 잘 가
공하는 법을 배우게 된다. 다시 말해 자연물을 점점 더 지
배하기 시작한다. 반면 주인은 자연물을 가공하는 노동으
로부터 그만큼 더 멀어지게 된다. 왜냐하면 그는 스스로

노동하지 않고 단지 노예가 생산한 것을 향유만 하였기 때문이다.

예를 들어 농사짓는 농노를 생각해 보자. 주인인 지주는 농노를 시켜 땅을 경작케 하고 그 수확물을 갖는다. 노예는 농사를 한두 해 지으면서 스스로 농사의 기법을 터득한다. 그런데 천재지변이 일어나 더 이상 농사지을 땅이 없어졌다. 이 경우 노예는 더 이상 주인을 위해 생산을 할 수 없게 될 것이다. 노예의 생산물이 나오지 않는다면 주인은 굶어 죽을 수밖에 없다. 반면 노예는 먹을 수 있는 풀뿌리가 무엇인지를 이미 터득하였으므로 스스로 살아갈 수 있다.

이렇게 본다면 결국 노예의 노동에 근본적으로 의존해서 생존해야 하는 자는 노예 자신이 아니라 주인이다. 즉 주인은 겉으로는 주인이지만, 실상은 노예의 노동과 그 생산물에 종속되는 셈이다. 결국 겉으로 드러나는 현실과는 달리 내면적으로 주인은 점차 노예의 노예가 되어 가는 반면 노예는 주인을 지배하는 주인이 되어 간다.

이러한 반전은 사실 우리 일상 속에서도 자주 나타난다. 어느 남자가 한 여자를 사랑한다고 생각해 보자. 그 남자는 사랑을 얻기 위해 모든 노력을 동원한다. 매일 그녀에게 꽃을 선물로 보낸다. 점심때가 되면 문자 메시지를 보내어 맛있는 식사를 하라고 당부한다. 하지만 이러한 구애에도 불구하고 그녀는 요지부동이다. 그 남자에게 눈길도 주지 않는다. 그러나 그 남자는 실망하지 않고 매일매일 똑같은 일을 반복한다. 이러기를 한 달, 두 달이 지나 여섯 달이 흐른다. 이제는 이러한 모든 일이 그녀에게 일상이 되었다.

그런데 갑자기 어느 날부터 꽃이 오지 않는다. 점심때 안부를 전하는 문자 메시지도 오지 않는다. 하루 이틀은 그러려니 했다. 하지만 사흘이 지나자 그녀는 궁금해지기 시작한다. 1주일이 지나자 불안하다. 그 남자에 대한 그리움이 밀려오기 시작한다. 2주째가 되자 그 남자에게 걸려온 전화가 너무 반갑다. 그녀 자신도 모르게 이미 그 남자의 구애에 구속이 되어 있고 길들어 있음을 깨닫는다. 드디어 그녀는 마음의 문을 열고 그 남자의 구애를 받아들인다. 물론 이 이야기는 해피엔딩이지만 대부분 경우는 그렇지 않을 수도 있다. 주인과 노예의 모습으로 다시 돌아가 보자.

주인과 노예의 관계 속에서 주인은 자기만이 자유로워야 하고 노예는 당연히 예속되어야 한다는 편협한 생각에 빠져 있으나, 노예 입장에서는 주인이 자유롭듯이 자신도 인간이므로 또한 자유로워야 한다고 생각할 법하다. 결국 주인도 자유로워지고 노예도 자유로워지기 위해서는 노예가 자유로워지는 길밖에 없다. 그렇다고 해서 노예가 당장 자신의 역할을 거부할 수도 없다.

노예가 자유롭게 되는 방법은 자신이 하는 노동에 대해, 주인을 위한 강제적인 일이 아니라 자신을 개발하고 나아가 자신의 생각을 실현하는 과정이라고 생각하는 수밖에 없다. 따라서 노예는 더 이상 단순히 주인의 욕구를 채우기 위해서 일하지 않는다. 그는 사물로부터 직접적으로 욕구를 충족하려는 자세를 버리고, 사물을 아름답게 만들기 위해 노력하기 시작한다. 사물을 가공하면서 그는 자신의 생각을 그 속으로 밀어 넣는다. 그렇게 그의 노동은 창조적인 노동이 된다.

헤겔이 강조하는 지점이 바로 여기에 있다. 인류의 역사는 이러한 노동에 의해 만들어져 왔다. 따라서 인류의 역사는 투쟁의 역사이지만 동시에 인간의 자아를 실현해 간다는 의미에서 자유의 과정이다. 역사 속에는 승자가 있고 패자가 있다. 그렇다고 해서 역사는 단순히 승자의 이야기라고 이제는 더 이상 말할 수 없다. 왜냐하면 역사는 승자와 패자가 어우러져 하나의 자유를 실현해 나가는 과정이기 때문이다. 이렇게 본다면 더 이상 역사 속에는 승자와 패자가 있다고 말할 수 없다. 승자와 패자란 단지 하나의 자유를 실현하는 과정의 계기들로 이해될 수 있을 뿐이다.

불행한 의식

노예의 노동이 역사를 만들어 간다는 헤겔의 생각은 이후 마르크스에게 결정적 영향을 미친다. 마르크스는 『공산당선언』에서 인류의 모든 역사는 계급투쟁의 역사라고 말한다. 이때 투쟁하는 두 계급이란 다름 아닌 자본가와 노동자이다. 자본주의 속에서 노동자는 생존을 위해 자본가에게 복종하고 노동을 제공해야 한다. 반면 자본을 소유한 자본가는 주인으로서 노동을 제공하는 노동자를 착취한다. 이러한 착취 속에서는 애초에 인간 자신을 실현하는 활동으로서의 노동이 그 역할을 수행할 수 없다. 노동자의 노동은 노동자 자신뿐만 아니라 자본가를 인간의 본질로부터 소외시켜 버린다. 왜냐하면 노동 생산물이 노동자 자신에게 돌아가지 못하기 때문일 뿐만 아니라 자본가는 자아를 실현할 수 있는 노동을 하지 않기 때문이다.

자본주의에서 이러한 문제가 발생하는 근본적 이유는 사유재산 제도 때문이다. 따라서 한편으로는 노동자를 그 굴종의 상태로부터 해방함으로써 진정한 자유를 얻게 하고, 다른 한편으로는 노동자의 생산물만을 착취함으로써 노동의 본래적 가치를 모르는 자본가를 그 무지의 상태로부터 벗어나게 하여 인간 본연의 모습으로 해방할 수 있는 유일한 길은 사유재산을 폐지하는 것이다.

이처럼 마르크스는 인간의 역사란 자본가와 노동자의 투쟁의 역사이며 그 투쟁의 근본 목적은 해방을 통한 인간 자유의 실현에 있다고 본다. 그 실현의 근본적 수단이 노동이라는 마르크스의 핵심 사상에 기초를 제공하는 생각이 바로 '주인과 노예의 변증법'이다. 따라서 마르크스는 『정신현상학』에서 서술되는 '주인과 노예의 변증법'을 헤겔 사상을 이해하기 위한 토대이자 정수라고 말한다.

물론 마르크스가 헤겔로부터 역사를 이해하는 근본 관점을 배웠지만 그 서술 내용에서는 차이가 많이 난다. 헤겔은 근본적으로 주인이 노예가 되는 까닭은 그가 노예의 노동과 그 생산물에 의존하기 때문이므로, 진정한 의미의 자유인이 되려면 감각적이고 물질적인 사물에 의존하는 마음을 버리고 정신의 세계에서 자유를 찾아야 한다고 생각한다. 반면 마르크스는 진정한 자유를 얻기 위해서는 물질적인 사회 구조 자체를 바꾸어야 한다고 주장한다. 그렇다면 다시 헤겔의 설명으로 돌아가 궁극적으로는 자유를 위한 투쟁인 주인과 노예의 변증법의 결과가 무엇인지 살펴보도록 하자.

주인과 노예의 변증법의 결과 분명해지는 사실은 주인이 애초에 생각한 것처럼 그렇게 자유로운 자가 아니라 오히려 참으로 자유로운 자는 노예라는 점이다. 그렇다면 주인은 실제적인 노예의 노예로 그냥 머물러 있어야 하는가? 그리고 노예는 형식상 주인의 노예로 계속 있어야 하는가? 그렇지 않다. 궁극적으로는 주인뿐만 아니라 노예도 자유인이 되어야 한다. 하지만 과연 어떤 방법으로 주인과 노예가 모두 자유인이 될 수 있을까? 이 경우 헤겔이 볼 때 자유인이 되기 위해서 사람들은 대부분 물질에 의존함으로써 자신의 욕구를 충족하려는 생각을 버리고 정신적 영역으로 돌아간다. 즉 진정한 자유는 물질로부터 벗어나 고요한 정신의 세계로 돌아갈 때 가능하다고 생각하는 것이다. 이러한 모습이 역사 속에서도 나타나는데, 그것은 다름 아닌 '금욕주의'와 '회의주의'이다.

고대의 금욕주의는 인간 삶의 궁극적 목적이 행복이라고
말한다. 이때 행복이란 물론 정신적 쾌락을 의미한다. 감
각적 쾌락이란 끝이 없다. 배가 불러도 맛있는 것을 보면
또 먹고 싶은 것이 감각적 쾌락의 모습이다. 따라서 진정
한 의미의 행복을 얻으려면 감각적인 것으로부터 벗어나
서 고요한 마음을 유지해야 한다. 정신적으로 평온한 이러
한 상태가 진정한 의미의 행복이다. 이것은 오로지 이성의
인도에 따를 때만 가능하다. 따라서 행복하기 위해서는 가
능한 한 감각적 현실을 외면하고 정신적 세계 속에서 고요
와 평안함을 얻어야 한다. 이처럼 자유를 얻기 위해 현실
로부터 도피하여 내면의 정신세계로 돌아가는 것이 금욕
주의라면, 그 반대의 길에 회의주의가 있다.

회의주의는 자유롭기 위해서 정신적 내면세계로 들어가
는 것이 아니라, 오히려 외부의 감각세계에 머무르면서 그
외부 세계를 부인한다. 특히 이러한 모습은 종교뿐만 아니
라 정치적 현실 속에서 자주 나타나는데 그 예를 들어 보
면 다음과 같다.

어떤 설교자가 세속적 욕심을 버려야 한다고 말하면서
헌금을 강요한다던가, 아니면 어떤 정치가가 부패한 정치
를 청산하기 위해서 어떤 수단을 쓰든지 간에 선거에서 반

드시 이겨야 한다고 주장하는 것들이 그러한 모습들이다. 헤겔이 볼 때 이러한 모습들은 결국 자기모순으로 귀결되고 만다. 왜냐하면 자유롭기 위해 부정하는 것을 자신도 모르게 스스로 끌어들이기 때문이다. 따라서 헤겔은 이러한 태도들을 모두 묶어 '불행한 의식'이라고 부른다.

'불행한 의식'이란 궁극적으로는 진정한 자유를 추구하기 위한 과정에서 빚어지는 결과이다. 그것은 감각적 사물에 의존해서 욕구를 충족하려는 마음을 버려야 한다는 생각으로 인해 귀결되는 태도들이다. 주인과 노예의 변증법으로부터 지대한 영향을 받은 마르크스는 바로 이점에서 헤겔을 비판한다. 마르크스가 볼 때 헤겔은 주인과 노예의 관계를 너무 관념적으로만 이해한 결과, 진정한 의미의 자유를 설명하지 못한다. 그에 따르면 진정한 의미의 자유는 물질적 현실 속에서만 주어질 수 있다.

주인과 노예로 표현되는 억압적 사회관계는 단순히 어떤 사람에 대한 또 다른 사람의 정신적 지배 관계가 아니라 물질적 지배 관계이다. 따라서 진정한 의미의 자유를 실현하기 위해서는 이 물질적 지배 관계를 고찰하고 거기로부터 해결책을 찾아야 한다. 하지만 헤겔은 주인과 노예의 변증법이 보여주는 것처럼 이러한 물질적 지배 관계를 파악하지 못하고 있다. 결국 억압의 근원을 물질적 지배에 기인하는 것으로 파악한 마르크스는 왜곡된 현실을 극복하고 참된 인간의 해방을 이루고 자유를 획득하기 위해서는 현실의 물질적 토대를 바꾸어야 한다고 주장하기에 이른다.

4

진리에서 자유까지

헤겔은 말한다. 이 세계에서 이성이 지배하는 한, 이성적인 것은
현실에 존재하지 않으면 안 된다. 또한 역으로 현실에 존재하는 본질적인 것을
이성으로서 파악하지 않으면 안 된다.

문화로서의 정신

진정한 의미의 자유란 단순히 감각적 사물을 외면하거나
일방적으로 부인하는 데에서 비롯하는 것이 아니라면, 어
디에서 주어질 수 있을까? 헤겔은 『정신현상학』에서 '주인
과 노예의 변증법'을 넘어 '이성'과 '정신' 장에서 계속하
여 이 문제에 대하여 고찰한다. 그에 따르면 진정한 의미
의 자유는 내면적 세계에서 이루어지는 명상 혹은 감각적
욕구를 일방적으로 부정하는 태도에서 주어지는 것이 아
니다. 감각적 욕구를 지닌 인간들이 살아가는 구체적 현실
속에서 상호 인정하고 인정받는 주체가 될 때 가능해진다.
이미 말했듯이 '정신'(Geist)이라는 것은 헤겔에게 물질적인

것과 대립되는 어떤 내면적인 것 혹은 심적인 것을 의미하는 것이 아니라 의식과 이성뿐만 아니라 인간 삶의 총체로서 문화이다. 그렇다면 상호 인정할 때 비로소 가능한 자유는 정신 속에서 완성된다고 할 수 있다.

진정한 자유가 정신 속에서 어떻게 실현되는지 헤겔은 '정신' 장에서 상술한다. 물론 의식과 이성 또한 모두 정신이지만 이는 아직 자각되지 않은 정신이라고 볼 수 있다. 반면 이 단계에서 드러나는 정신이란 의식과 이성을 계기로 포함할 뿐만 아니라 더 나아가 인간 삶의 총체로서 문화를 의미한다. 이 단계에서 고찰되는 인간이란 더 이상 홉스나 로크와 같은 사회계약론자들이 말하듯이 이기적이며 자신의 욕구만을 추구하기 위해 서로 투쟁하는 인간이 아니다. 그렇다고 해서 칸트나 피히테가 말하는 것처럼 타인 혹은 세계와 아무 관련을 맺지 않고 단지 주관적 도덕성에 근거해서 윤리적 판단을 하는 그런 인간도 아니다.

'정신'의 단계에서 고찰되는 인간이란 인간의 보편적 이념과 가치를 실현하는 인간이다. 그 인간은 삶의 척도와 기준을 타인과는 무관하게 독립적인 것으로 생각하는 것이 아니라 다른 사람과 더불어 살아가면서 그 속에서 조율하고 만들어 간다. 따라서 이런 인간의 개성이나 가치관은 사회로부터 고립해서 형성되는 것이 아니라 오히려 그가 속한 문화 속에서만 의미를 지닌다. 역으로 말하면 문화로서의 정신이 개인의 인격과 내면을 형성한다고 말할 수 있다.

사실 문화로서의 정신이 한 개인의 개성과 본질을 형성한다는 것은 그렇게 놀랄 만한 주장이 아니다. 다음과 같은 예를 생각해 보면 한 개인의 내면이 얼마나 문화 속에서 형성되는지를 쉽게 이해할 수 있다. 오늘날 가장 일반화된 결혼 제도인 단혼제 속에 한 사람이 살고 있다. 그런데 이 사람은 어느 날 자신의 배우자 외에 다른 사람과 사랑에 빠진다. 그 사랑과 함께 이 사람은 갈등하고 양심에 가책을 느끼기 시작한다. 반면 이 사람이 일부다처 혹은 일처다부를 결혼 제도로 용인하는 사회 속에 살고 있다면 그는 전혀 양심의 가책을 느끼지 못할 것이다. 흔히들 양심은 한 개인의 고유한 내면적 본질이라고 말한다. 하지만 우리가 한 개인의 내면적 본질이라고 생각하는 양심조차 사회적이며 문화적 삶의 결과물이라는 것을 위의 예는 단적으로 보여준다.

양심조차 이렇다면 한 개인의 가치관 혹은 인생관은 말할 것도 없다. 물론 동일한 사회 속에 사는 개인들이 서로 다른 인생관을 가질 수 있다. 하지만 그렇다고 해서 그때 각 개인이 갖는 인생관이 그 사회에서 통용되는 가치관과 대립되는 전혀 엉뚱한 것일 수는 없다. 결국 이렇게 본다면 한 개인의 삶을 이해하기 위해서는 그 개인이 속하는 사회의 가치관을 이해해야 한다. 바로 이러한 측면을 헤겔은 '정신' 장에서 이야기하고자 시도한다.

헤겔이 볼 때, 정신이란 물리적이고 감각적인 사물과 구분되어 독자적으로 고찰되어야 하는 영역이 아니다. 이미 우리는 감각적으로 인식하는 단계로부터 시작하여 오성을 통해 사물의 본래 모습을 파악하려는 단계를 거쳐, 사물의 본래 모습을 이해하기 위해서는 사람과 사람간의 관계를 고찰해야 한다는 단계까지 도달하였다. 이렇게 본다면 '정신'은 모든 앞선 과정을 자신 속에 포함한다고 할 수 있다. 이것을 역으로 말하면, 감각적 사물로부터 문화에 대한 고찰에 이르는 과정은 정신이 자신을 드러내는 과정이기도 하다. 헤겔이 사물의 참된 모습을 파악해 나가는 이 과정을 정신이 현상하는 과정이라는 의미에서 '정신현상학'이라고 부르는 이유이기도 하다.

정신적 삶의 첫 번째 단계

그렇다면 이제 막 드러나기 시작하는 정신의 영역은 어떤 모습을 하고 있을까? 이 모습을 살펴보기 위해『정신현상학』의 내용으로 돌아가 보자. 헤겔에 의하면 정신이란 인륜적 삶이다. 인륜이란 항상 어느 특정한 공동체를 전제한다. 따라서 정신이란 기본적으로 특정한 민족의 인륜적 삶이라고 말할 수 있다. 이렇게 본다면 한 개인이 정신적 삶을 산다는 건 그가 더 이상 사적인 이기심에 근거해서 행동하기보다 공공의 선을 위해 산다는 의미이다. 이러한 정신적 삶의 모습을 좀 더 자세히 살펴보면 다음과 같이 세 단계로 구분될 수 있다.

첫 번째 단계는 개인이란 항상 공동체의 일원이므로 개인의 삶보다는 공동체의 삶을 우선시하고 강조하는 단계이다. 헤겔은 이러한 단계의 표본을 그리스의 도시국가 속에서 찾는다. 그리스인들에게 있어 삶이란 개인적인 것이 아니라 공동체적인 것이었다. 한 개인의 인격을 의미하는 영어 단어 Person의 어원인 라틴어 Persona가 사회적 신분을 나타내듯이 그리스인들에게 의미 있는 삶이란 공동체가 자신에게 요구하는 바를 성실히 실행하는 것이다.

이것은 그리스인들이 우주를 하나의 조화(Cosmos)라고 보는 생각과도 일치한다. 왜냐하면 어떤 것이 조화를 이루기 위해서는 자신의 개성을 드러내기보다는 전체 속에 녹아들어야 하듯이, 공동체도 조화를 이루기 위해서는 각 개인이 자신을 희생해야 하기 때문이다. 헤겔은 이처럼 우주뿐만 아니라 인간들의 사회도 하나의 조화이므로, 올바른 삶이란 공동체를 위한 희생이라고 생각했던 그리스인들의 삶 속에 정신적 삶의 원형이 놓여 있다고 생각한다.

다른 한편 인간이 비록 정신의 삶을 살아간다고 해서 인간의 근본적 욕구가 소멸되는 것은 아니다. 우리는 이미 앞에서 인간이란 근본적으로 욕망하는 존재라는 것을 배웠다. 욕망하는 존재로서 인간은 비록 타인과의 투쟁 속에서 타인을 이기는 것이 아니라 서로 인정하면서 살아야 함을 배웠을지라도, 기회만 되면 이기적 욕망을 충족하고자 노력한다.

다시 말해 정신적 삶을 산다고 할지라도 인간의 본래적 욕구는 소멸되지 않는다. 따라서 정신적 삶의 과정 속에서도 개인적 욕망은 매 순간 나타날 수밖에 없다. 개인적 욕망이 고개를 들면 공동체의 조화로운 삶이 올바른 것임을 알면서도 갈등이 생겨난다. 이렇게 해서 생기는 갈등의 모습을 헤겔은 소포클레스의 비극 가운데 하나인 『안티고네』를 통해 보여주고자 한다.

『안티고네』는 오이디푸스 일가의 몰락을 그린다. 오이디푸스의 아들 에테오클레스는 테베의 왕이 되지만 그 동생 폴리네이케스가 반란을 일으켜 서로 싸움을 하게 된다. 이 싸움에서 둘 다 전사하자 왕권은 두 아들의 외삼촌인 크레온에게 넘어간다. 크레온은 왕권을 잡은 후, 에테오클레스의 시신은 예를 갖추어 장사를 지내지만 반역자인 폴리네이케스의 시신은 장례를 금한다고 명령한다.

이때 오이디푸스의 딸이자 폴리네이케스의 여동생인 안티고네는 그 명령을 어기고 아무도 모르게 폴리네이케스의 장례를 치르려고 한다. 그녀는 장례를 치르는 도중에 체포되고, 크레온은 그녀에게 생매장형을 선고한다. 이렇게 되자 안티고네는 스스로 목숨을 끊는다. 그녀가 자살하자 그녀의 약혼자인 크레온의 아들도 자살을 하고, 이 소식을 들은 크레온의 아내 역시 자결한다. 결국 크레온은 자신이 저지른 행동의 결과로 파멸에 이른다.

헤겔이 볼 때 『안티고네』의 핵심은 인간의 행위란 모순적일 수밖에 없음을 보여주는 데 있다. 안티고네는 테베라는 국가 공동체의 구성원으로서 그 공동체가 규정하는 법

률에 따라 오빠인 폴리네이케스의 장례를 치르면 안 된다. 하지만 다른 한편 폴리네이케스는 그녀의 오빠다. 따라서 인류이라는 측면에서 그녀는 오빠의 장례를 치러야 한다. 이러한 모순적 상황에 처한 안티고네의 행위로 말미암아 결국은 여러 사람이 자결하고 그 결과 오이디푸스 일가의 몰락으로 이어진다.

헤겔은 정신적 삶의 참된 모습인 공동체의 원리에 따라 사는 삶이라도 인간은 사적인 이기심을 외면할 수 없으므로, 항상 개인의 원리와 공동체의 원리는 충돌할 수밖에 없음을 이 비극을 통해 보여주고자 한다. 이것은 결국 욕구를 가진 인간들이 모여 공동체의 삶을 이루고자 할 때, 단순히 공동체의 원리를 따르라고 강요한다고 해서 조화로운 공동체가 이루어지는 것은 아님을 일깨워 준다.

우리는 헤겔이 가르쳐 주려는 바를 종교적 신앙의 모습을 통해 보다 쉽게 이해할 수 있다. 종교인들은 자신이 믿는 종교 단체 속에서 열심히 신앙생활을 한다. 어떤 문제가 생기면 그들은 자신의 신에게 기도를 한다. 그러다가 문제가 잘 풀리지 않으면 신앙이 부족해서 그렇다고 생각한다. 따라서 더 열심히 기도해야 한다고 생각한다. 하지만 무조건적이며 맹목적인 신앙이 문제를 해결할 수 있을까? 무조건적이며 맹목적인 신앙은 삶에서 결정적이며 모순적인 상황에 부닥치면 무너지고 만다.

그리스인들도 마찬가지였다. 그들은 자신이 속한 도시국가의 이념과 가치관은 절대적이라고 믿으며 한 개인의 삶의 의미는 이 공동체의 가치관에 따라 살 때 비로소 획득될 수 있다고 생각했다. 하지만 공동체의 가치와 욕구를 가진 개인으로서의 이해가 충돌하면서 내면으로부터 하나였던 공동체가 흔들리기 시작하자 걷잡을 수 없이 몰락으로 치달았다. 이러한 상황을 너무도 잘 알던 헤겔은 참된 공동체가 유지되기 위해서는 개인의 자각이 필요하다고 생각한다. 이러한 자각이 없는 개인들로 이루어진 공동체는 자발적인 공동체가 아니라 외적인 강요에 의해 유지되는 공동체일 뿐이다.

정신적 삶의 두 번째 단계

헤겔은 그리스의 몰락 이후 건설된 로마제국이 겉으로 보기에는 강력한 국가처럼 보이지만 사실은 구성원들 간의 자발성에 기초한 조화로운 국가가 아니라 공권력에 의해 강제로 유지되는 국가였다고 판단한다. 사실 이처럼 개인들의 자발성에 기초하지 못하고 외적 강제에 의해 건설된 국가들은 역사 속에서 볼 때 수없이 나타나고 사라지기를 반복하였다. 각 개인의 가치관과 국가의 이념적 원리가 일치하는 국가는 그리 흔치 않다.

헤겔이 볼 때 근대 이전에 그러한 국가에 상응하는 예는 기껏해야 그리스 공동체가 전부였다. 그래서 헤겔은 당시 자신의 조국인 독일의 분열된 상황 속에서 그리스 공동체와 같은 국가 공동체의 모습이 구현되기를 열망하였을 뿐만 그 이론적 토대를 제공하려고 노력하였다. 헤겔의 노력이 무엇인지를 살펴보기 위해, 우선 로마제국을 거쳐 중세를 지나 헤겔 당시 근대에 이르기까지의 공동체적인 삶의 모습을 헤겔은 어떻게 보고 있는지부터 살펴보자.

그리스 공동체의 몰락 이후 중세를 거쳐 근대 초에 이르기까지 나타나는 삶의 방식을 헤겔은 정신적 삶의 두 번째 단계로 표현한다. 헤겔이 볼 때, 로마제국이 해체된 후 기독교 세계와 그 뒤를 이어 유럽에서 구체화되면서 나타나는 삶의 모습들은 참된 인류적 삶의 모습이 아니라 파편화되고 소외된 모습들뿐이다. 중세 초기에 유럽을 주도한 영주 혹은 기사들은 자신들을 로마 귀족의 정신적 후예라고 생각하였다. 하지만 로마가 그들에게 진정한 의미에서 공동체와 개인의 조화롭게 일치된 가치관을 물려주지 못한 탓에, 그들은 단지 외적인 명예나 부를 위해서 살았을 뿐 결코 타인과 내면적 조화를 이루고 서로 인정하는 자유로운 인간으로 살아갈 수 없었다.

헤겔은 이러한 상태를 '소외된 정신'이라고 부른다. 왜냐하면 공동체적인 삶과 개인의 삶은 근본적으로 서로 분리되어 있었기 때문이다. 이렇게 본다면 그리스 공동체가 몰락한 이후 헤겔 당대에 이르기까지는 진정한 의미에서의 정신적 삶 혹은 인륜적 삶은 없었다고 말해도 과언이 아니다. '소외된 정신' 속에서는 개인이 추구하는 관심과 공동체가 지향하는 가치관이 다를 수밖에 없다. 다시 말해 소외된 정신 속에서는 한 개인이 속한 사회의 행위 규범과 개인의 행위 원리는 서로 충돌할 수밖에 없다. 이러한 충돌의 모습을 헤겔은 '교양'이라는 이름 아래서 고찰한다.

교양인이 된다는 것은 무엇을 의미할까? 독일어로 Bildung이라고 표현되는 교양이란 한 인간이 인간으로 성숙하는 것을 의미한다. 이때 한 인간이 인간으로 성숙하기 위해서는 모범적 인간의 원형이 전제되어야 한다. 왜냐하면 그 경우에만 우리는 그 원형을 기준으로 성숙 혹은 미

성숙이라는 판단을 할 수 있기 때문이다. 헤겔이 볼 때 성숙한 인간이란 이기적이지 않으며 공공의 선을 행하는 것이 자신의 이해 관심과 일치하는 사람이다. 즉 교양인이란 자신의 의지대로 행하는 것과 공동체의 원리에 따라 행하는 것이 일치하는 사람이다. 이렇게 되지 못한다면 사람은 아무리 많은 부와 명예를 갖추었다 할지라도 '소외된 정신' 속에서 사는 사람이다.

현실적 세계에서 소외된 인간은 이념적 세계에서도 소외된다. 이념적 세계에서 소외된 인간을 헤겔은 기독교의 예를 통해 설명한다. 그에 따르면 많은 사람들은 현실적 삶이 고달플 때 종교에 귀의한다. 하지만 이러한 귀의는 현실적 세계의 분열로부터의 도피일 뿐 진정한 의미에서의 신앙이 아니다. 진정한 의미의 신앙은 현실과 화해하고 현실적 삶의 한가운데서 이루어져야 한다.

헤겔이 염두에 두는 신앙의 세계 속에서 일어나는 소외란 주로 기독교에서 일어나는 현상들이다. 만일 기독교인들이 주일을 지켜야 한다는 이유로 고통 받는 이웃을 외면한다면 그것은 진정한 의미의 신앙이 아니다. 종교적 가치와 현실적 삶의 규범이 충돌한다면 그 또한 진정한 의미의 종교가 아니다. 그것은 현실 속에서 일어나는 분열을 종교라는 이름으로 포장한 또 다른 형태의 현실이며 그런 의미에서 소외된 현실인 것이다. 이러한 종교는 지속될 수 없다. 사실 그러한 종교는 역사 속에서 몰락했다. 그리고 그러한 종교를 몰락케 한 것은 현실과 종교의 분열을 자각한 이성이었다.

정신적 삶의 세 번째 단계

현실과 소외된 종교가 몰락하고 출현하는 새로운 삶의 방식을 헤겔은 '소외된 정신'의 세 번째 형태로 설명한다. 이성의 이름으로 건설된 이 세계는 다름 아닌 '계몽주의'의 세계이다. 계몽주의는 공동체적 가치관 특히 종교적 가치관을 거부하면서 시작된다. 계몽(Enlightenment)이란 말 자체에서 드러나듯이 어떤 사태에 대하여 자립적이며 주체적으로 판단하지 못하고 의존적으로 판단하는 인간들에게 이성의 빛을 비춤으로써 책임 있는 주체가 되도록 한다는 의미를 지닌다.

계몽주의자들이 볼 때, 근대 이전의 기독교 신앙인들은 전혀 자발적이지 못하고 맹목적이며 이성이 마비된 자들이다. 따라서 그들을 교화하여 성숙하고 자발적인 판단을 할 수 있는 사람으로 만드는 것이 계몽의 과제이다. 특히 계몽주의자들은 삶의 가장 근원적 목적인 행복을 전통적인 방식과는 다르게 이해한다. 행복이란 신을 기쁘게 하는 삶이 아니라 나의 삶이 유쾌해지는 일이다. 공리주의로 대변되는 계몽주의적 윤리관은 근대를 대표하는 가치관으로 점점 자리를 잡는다.

헤겔이 볼 때 계몽주의의 세계 역시 참된 의미에서 인륜성이 전개되는 세계는 아니었다. 왜냐하면 계몽주의적 세계에서 지배적인 이념은 개인주의이므로 공동체적 가치관이 상실된 세계이기 때문이다. 모든 사람이 자신의 의지대로 행하는 계몽주의의 세계 속에서는 조화롭게 서로를 인정하고 상호 자유로울 수 있는 삶의 모습은 도출되지 않는다.

그럼에도 불구하고 계몽주의 세계는 특별한 의미를 지닌다. 그것은 다름 아닌 주체로서의 개인의 자각이다. 그리스적 공동체의 삶이 보편성을 추구하는 것이었다면 계몽주의 세계는 개별성을 추구한다. 참된 정신적 삶은 보편성 혹은 개별성, 그 어느 하나만을 추구하는 삶이 아니다. 그것은 그 둘의 통일이어야 한다. 다시 말해 개인들은 공동체의 가치를 추구해야 하지만 동시에 주체로서 자각하는 삶을 살아야 한다.

계몽주의를 기초로 전개된 세계사적 사건이 바로 프랑스 혁명이다. 애초에 프랑스 혁명은 프랑스를 다스리던 부르봉 왕조의 재정 파탄으로부터 시작된다. 재정 파탄을 만회하려고 프랑스 국왕은 귀족, 성직자, 시민으로 구성된 삼부회의를 소집한다. 이 삼부회의에서 귀족과 성직자들은 결합하여 자신들 뜻대로 시민들에게 세금을 물리려 했으나 결렬되자 시민들을 탄압하기 시작하였다. 이에 시민들은 파리의 바스티유 감옥을 공격하는 것을 출발점으로 절대왕정을 무너뜨리고 근대 국가를 수립하기에 이른다. 이 과정에서 인간의 기본권과 주권재민을 내용으로 하는 인권선언이 선포된다. 드디어 이성이 현실의 원리로서 실현된 것이다!

프랑스 혁명은 이성의 이름으로 개인의 자립성과 주체성이 절대적 가치임을 만방에 선포한 사건이다. 이미 앞에서 보았듯이 헤겔이 젊음을 보내던 당시 독일은 아직 봉건적 세계에 머물러 있었다. 따라서 혁명에 의해 건설된 근대 국가는 헤겔에겐 개인의 주체성과 공동체의 가치가 통일된 정신적 삶의 모형처럼 보였을 터이다. 그리스적 공동체가 상실된 이후 드디어 진정한 의미의 인륜적 삶의 모습이 역사 속에 드러난다고 그는 생각하였다.

인타깝세노 혁명은 현실 속에 전개되는 과정에서 헤겔의 기대를 배신한다. 왜냐하면 인권선언을 선포하고 입헌군주제를 건설한 국민의회는 점차 과격해지기 시작하더니, 급기야는 국외로 탈출하려는 국왕을 처형하고 공화정을 수립하면서 점차 무질서와 폭력으로 얼룩지기 시작하였기 때문이다. 혁명은 이성에 의한 개인의 주체성과 조화로운 공동체를 회복하는 방향으로 진행되는 것이 아니라 과도한 공포정치 및 정적의 숙청 등 혼란한 상태로 치닫기에 이른다.

혁명이 현실 속에서 진행되면서 이처럼 폭력적으로 변하자 헤겔은 단순히 한 개인의 인권과 주체성만을 강조하는 계몽이란 차라리 자각이 없는 공동체적 삶보다 못하다는 깨달음을 얻는다. 헤겔이 바라본 프랑스 혁명이 바로 이러했다. 그는 혁명의 출발 당시 시민들을 사로잡았던 자유, 평등, 박애를 기초로 하는 인본주의적 이념이 사라지고 점차 무질서와 혼란이 지배한 과정은 결코 우연이 아니라 계몽주의 자체에 내재하는 문제라고 생각하였다.

왜냐하면 계몽주의란 모든 개인은 이성 앞에 평등하다

고 생각하므로 각 개인의 요구가 모두 동등하게 받아들여져야 했기 때문이다. 그러다 보니 각 개인은 자신들 이해에 따라 상황을 판단하고 자기에게 이로운 것만을 주장하기에 이른다. 결국 남는 것은 '절대적인 자유의 공포'이다. 물론 인간이 본질적으로 이성적으로 행동하도록 만들어져 있다면 이러한 무질서는 나타나지 않을 것이다. 하지만 앞서 보았듯이 인간이란 욕구를 끊임없이 충족하려는 존재자가 아닌가!

결론적으로 조화로운 공동체 속에서 상호 인정하는 진정한 의미의 자유로운 주체가 되는 공동체를 건립하기 위해서는 계몽의 이념만으로는 부족하다. 계몽은 무엇인가에 의해 절제되고 조절되어야 한다. 즉 진정으로 계몽주의가 원하는 이성적 현실이 실현되려면 개인을 포괄하는 공동체로서 국가가 전제되어야 한다. 그렇다면 이러한 국가가 혁명의 와중에 어떻게 건설될 수 있을 것인가? 이러한 고민에 휩싸여 있던 헤겔의 눈에 들어온 존재가 바로 나폴레옹이었다.

나폴레옹은 혁명의 과정 속에서 갑자기 등장한다. 그는 쿠데타를 통해 집권하고 강력한 프랑스를 건설하기 위해 법전을 새롭게 편찬할 뿐만 아니라 은행 및 국민교육 제도를 설립한다. 물론 추후에 나폴레옹은 권력 욕구에 휩싸여 제정을 수립하고 스스로 황제의 자리에 등극한다. 하지만 적어도 초기의 나폴레옹은 혁명의 무질서를 종식하고 새로운 형태의 이성적 국가를 실현하는 데 전력을 다하였다. 헤겔은 바로 이런 이유로 나폴레옹이 강력한 권력으로 국가 체제를 정비하였을 때, 환호한 것이다.

물론 나폴레옹은 자신의 권력을 공고히 한 후, 끊임없는 정복욕을 충족하기 위해 이웃 나라와 전쟁을 시작한다. 그는 드디어 1806년 10월 13일, 아름답고 오래된 도시 예나에 대한 공격을 감행한다. 그날 저녁 예나에서는 혁명의 모든 과정을 지켜보며 진정한 자유가 실현되는 인륜적 공동체를 꿈꾸던 서른여섯 살의 젊은 철학자 헤겔이 이 모든 세계사적 과정을 글로 표현하고 있었다. 10월 18일까지 원고를 넘겨주기로 하고 세계사의 한 순간을 뜬눈으로 지켜보며 원고를 탈고하는 헤겔의 방에는 어둠이 걷히고 여명이 밝아오기 시작하였다. 밖으로 나온 헤겔은 하얀 말 위에 푸른 제복을 입은 적군의 황제 나폴레옹이 순찰하는 모습을 목격하였다. 헤겔이 볼 때 '나폴레옹'이란 단순히 자연인 보나파르트의 이름이 아니었다. 그것은 그리스적 공동체가 무너지고 난 후 인류가 그렇게 꿈꾸어 오던 이성적 공동체의 다른 이름, 더욱이 개인의 주체성과 권리가 보호되면서도 공동체적 이념과 조화를 이루는 국가를 현실화하려는 세계사적 이성의 이름이었다.

이성적 자유의 실현

드디어 정신은 세계사 속에서 자신의 모습을 드러내었다. 그것은 다름 아닌 그의 조국 프로이센이었다. 당시 프로이센은 적어도 헤겔이 볼 때, 그리스적 이상과 계몽주의의 주체성이 결합된 이성적인 국가였다. 헤겔은 다음과 같이 말한다. "이 세계에서 이성이 지배하는 한, 이성적인 것은 현실에 존재하지 않으면 안 된다. 또한 역으로 현실에 존재하는 본질적인 것을 이성으로서 파악하지 않으면 안 된다." 그렇기 때문에 "이성적인 것은 현실적인 것이며, 현실적인 것은 이성적인 것이다." 헤겔은 프리드리히 4세가 계몽주의적 이념과 동시에 국가 공동체의 이념으로 지배하는 프로이센 속에서 적어도 이러한 이성의 현실을 보았다.

물론 헤겔이 이때 "현실적인 것은 이성적인 것이다."라고 말한 뜻은 그가 살던 프로이센이 곧 이성적인 것이라는 의미는 아니다. 우리는 이미 정신현상학의 과정을 통해 일상인들이 생각하듯이 시공간으로 구체화되는 세계가 곧 현실적인 세계는 아님을 배웠다. 왜냐하면 시공간으로 규정되는 감각적인 것은 오히려 가장 추상적이며 내용 없는 공허한 것이기 때문이다. 보다 현실적인 것은 감각적인 것이 아니라 보편적인 것이었다. 하지만 보편적인 사물도 그 자체 모습이 변하며 그 참모습은 오히려 힘으로서의 역동성에 있었다.

이러한 과정 속에서 우리는 사물의 참모습은 인간관계 속에서 주어질 수 있으며 그 인간관계란 기본적으로 욕구를 충족하기 위한 투쟁이라는 것 또한 깨달았다. 그리고 더 나아가 이러한 투쟁은 자유를 향한 투쟁인데, 진정한 자유는 상대를 죽음으로 몰아갈 때가 아니라 주체로서 서로를 인정해줄 때 실현된다는 것도 알게 되었다. 그러나 욕구를 가진 인간들이 자신의 욕구를 충족하면서 타인의 욕구도 인정하기란 얼마나 힘든 일인지 보았으며, 인류의 역사 과정 속에는 오히려 참된 자유가 아니라 왜곡되고 소외된 자유의 모습들이 전개되어 왔다는 사실도 보았다.

이제 이러한 모든 과정을 거치고 나서 도달한 결론은 진정한 의미에서 현실적인 것은 개인의 자유가 실현되면서 공동체의 이념이 살아 있는 그런 국가였다. 만약 그런 국가가 가능하다면 그것은 입헌군주국의 형태를 지닌 프로이센이 가장 유력하다는 것이 헤겔의 생각이었다.

사물의 진리를 찾아 출발한 정신의 여정은 이성에 근거한 자유라는 그 목적지에 이제 도달하였다. 이 목적지는 정신의 왕국이며 개인의 삶과 인륜적 삶이 조화를 이루는 그러한 왕국이다. 이 왕국에서의 삶은 더 이상 자연과 인간 혹은 인간과 인간이 분열하는 삶이 아니라 조화와 통일을 이루는 삶이다. 이 왕국 속에서 욕망을 가진 개인들은 자신의 욕망을 부정하는 것이 아니라 승화하여 공동체를 위해 헌신할 뿐만 아니라 서로를 인정함으로써 진정한 자유를 얻을 수 있다. 이 왕국 속에 사는 개인들 삶의 내면은 예술과 종교와 철학으로 채워진다. 이때 예술과 종교와 철학의 내용은 이성적 현실을 떠난 어떤 초월적인 것에 대한 동경이 아니다. 그것은 오히려 이제까지 정신이 걸어온 여정에 대한 관조이며, 그 모든 것이 결합하여 하나의 선을 이룬다는 깨달음이다.

진리를 깨달은 구도자에게 누군가가 그 진리란 무엇인지 가르쳐 달라고 하자 그는 빙긋이 웃기만 했다는 불가의 가르침은 이제 정신의 모든 여정을 뒤로하고 목적지에 도달한 철학자의 미소 속에서도 나타난다. 헤겔은 "진리는 전체이다."라고 말한다. 진리는 우리 삶 전체와 분리되어 또 다른 어떤 곳에 있는 것이 아니다. 오히려 우리 삶 전체가 진리이다.

이러한 절대적 앎을 깨닫기 위해 정신은 감각적인 사물에 대한 앎으로부터 시작하여 서로 투쟁하는 인간과 그들이 살아가는 현실을 살펴보아야 했던 것이다. 우리 삶 전체가 진리라는 것을 깨닫고 난 후, 이제까지 정신이 걸어온 길을 되돌아보니 이제 그 길의 의미가 분명해진다. 그것은 진정한 삶이 무엇인지를 찾아가는 한 구도자의 길이었으며 동시에 자유를 실현하기 위해 노력하는 인류의 역사였던 것이다.

헤겔은 『정신현상학』을 통해 세계사의 의미가 무엇인지 진리가 무엇인지 그리고 어떻게 사는 것이 성숙한 인간의 삶인지를 보여주었다. 그리고 이 모든 것을 보여준 헤겔은 이제 "진리를 사랑한다"(philos sophia)는 의미에서의 철학(philosophy)은 완성되었다고 생각했다. 왜냐하면 이제 진리가 무엇인지 밝혀졌으므로 진리에 대한 갈망은 더는 필요 없을 터이기 때문이다.

이처럼 진리가 무엇인지를 가르쳐준 위대한 철학자도 영

원히 살 수는 없었다. 1831년 여름부터 콜레라가 번지기 시작하여 맹위를 떨치던 11월 11일 베를린에서 그는 콜레라로 사망한다. 그의 장례식은 11월 16일 베를린 대학 강당에서 마르하이네케 총장의 추도사와 함께 거행되었으며 그의 시신은 고인의 유언에 따라 피히테의 무덤 옆에 묻힌다. 이때 마르하이네케 총장이 읽은 추도문의 내용은 다음과 같다.

"우리는 죽음이 그에게 아무것도 하지 못하도록 할 것입니다. 죽음은 다만 그로부터 그 자신이 아닌 것만을 빼앗아 간 데 불과합니다. 그가 전 존재를 통해서, 부드럽고 자상하며 선량한 성질을 보여 주는 것은, 그가 그 기상 높고 고귀한 지조 속에 자기를 인식시키고 있는 것은, 또 그를 가까이 하는 그 누구라도 전에 가졌던 편견을 버리지 않으면 안 되는, 그 성격의 순수함과 사랑스러움과 차분한 관대함과 어린이 같은 소박함을 나타내 주고 있는 것은, 그의 죽음에 의해 빼앗긴 육체가 아니라 그의 정신입니다. 그의 정신은 그의 저서, 그의 수많은 숭배자, 제자들 속에서 살고 있습니다. 그것은 영원히 죽지 않고 살아 있을 것입니다."

5

관념과 실천 사이

헤겔이 '주인과 노예의 변증법'에 대한 서술을 통해
진정한 의미에서의 자유를 획득하려고 했다면, 마르크스는 노동자를 착취하는
자본가가 존재하는 사회구조를 우선적으로 바꾸어야 한다고 생각한다.

삶과 철학의 화해

마르하이네케 베를린 대학 총장이 추도문 속에서 영원히 살아 있기를 기대한 헤겔의 정신도 그의 죽음과 더불어 급격히 몰락하기 시작한다. 인류의 역사는 자유를 향한 정신의 발전이라고 생각하는 헤겔의 사상은 당대의 철학자와 정치가에게 지대한 영향을 끼쳤음에도 불구하고 그가 죽자 마치 기다렸다는 듯이 많은 비판이 일기 시작하였다. 그 대표적인 비판가 중 한 사람이 바로 칼 마르크스이다.

칼 마르크스는 1818년 독일 트리어에서 변호사의 아들로 태어났다. 대학 때 법학을 전공한 그는 늘 철학에 관심을 두고 있었다. 철학 중에서도 특히 그의 관심을 끈 것은

헤겔의 사상이었다. 그는 열아홉 살이 되던 해인 1837년 11월 10일, 아버지에게 자신의 학문에 대한 계획을 다음과 같이 설명하면서 물질적으로 도움을 요청한다. "삶에는 지나간 시기들을 구분하면서 동시에 앞날의 새로운 방향을 제시하는 계기들이 있습니다. 보편적 역사란 우리의 현재 입장을 성찰하기 위해서 사유의 독수리와 같은 눈으로 과거와 현재를 살펴보아야 합니다."

철학이란 사유 속에서 파악된 현실이라는 헤겔의 생각이 깊이 묻어나는 이러한 표현들은 물론 그가 헤겔로부터 배운 것이다. 스무 살이 되면서 마르크스는 자유의 실현이라는 헤겔의 사상을 구체적 현실로 끌어내리고 관념론 속에서 분리된 삶과 철학을 화해시키는 일이 자신의 철학적 과제라고 다짐한다. 그렇다면 마르크스는 왜 헤겔 사상이 삶과 철학을 화해시키지 못한다고 생각하는 것일까? 그리고 그 사상을 구체적 현실로 끌어내린다는 말은 또 무슨 의미인가? 이러한 물음에 대한 답을 알아보려면 먼저 마르크스가 철학을 어떻게 생각하는지 살펴보아야 한다.

헤겔이 죽고 난 후 많은 사람이 헤겔의 사상을 옹호하거나 비판하였는데, 그들이 '철학'이라는 이름으로 논쟁을 벌일 때 염두에 두었던 것은 대체로 헤겔의 철학이었다. 다시 말해 당시에 헤겔의 철학은 어느 한 철학자의 철학이 아니라 철학 자체를 의미하였다. 헤겔 이후에 철학을 한다는 것은 더 이상 가능하지 않다. 그는 마지막 철학자이다. 그렇기 때문에 헤겔의 철학을 비판한다 함은 곧 철학 자체를 비판하는 일이며, 헤겔의 철학이 위기에 봉착한다는 것은 곧 철학 자체가 어떤 중대한 고비에 왔음을 의미한다.

마르크스도 마찬가지로 헤겔의 철학을 비판하면서 철학 자체를 지양하고자 하였다. 그가 볼 때, 헤겔의 철학은 모든 것의 진리는 정신이라고 주장한다. 물질적인 것은 가장 구체적인 것처럼 보이지만 사실은 추상적인 것이며 보편적인 개념이 더 현실적인 것이다. 『정신현상학』에서 드러났듯이 모든 것의 궁극적 의미는 정신 속에서 주어진다. 정신 속에서 실현되는 자유야말로 참된 의미의 자유이다.

마르크스는 헤겔의 이러한 주장이 근본적으로 잘못된 것이라고 생각한다. 그가 생각할 때 인간은 정신적인 존재 이전에 물질적인 존재이다. 아무리 정신적인 삶 속에서 자유를 누리며 행복을 느낄지라도 당장 먹을 것이 없다면 인간은 불행하다. 이제까지의 철학은 자유란 무엇인지 끊임없이 설명하였다. 특히 헤겔의 철학은 정신의 왕국 속에서 자유의 참된 본질이 드러날 수 있다고 가르쳤다. 하지만 정작 중요한 것은 자유가 무엇인지에 대한 앎이 아니라 실제로 자유로워지는 일이다. 이제까지의 철학이 실제로 자유를 주시 못했다면 그러한 철학은 폐지되어야 한다. 헤겔의 철학은 삶의 본질이 무엇인지 가르쳐 준다. 하지만 그러한 가르침은 현실의 삶이 아니라 이념일 뿐이다. 바로 그런 의미에서 헤겔의 철학은 현실적 삶과 철학을 분리시켰다.

마르크스가 볼 때, 모든 것을 정신의 활동으로 설명하는 헤겔의 철학은 구체적 현실 속에 있는 인간을 파악할 수 없다. 물론 헤겔이 모든 것은 정신의 활동이라고 말할 때, 그가 현실의 삶을 무시하려던 것은 아니다. 단지 어떤 것이 의미가 있다면 그것은 정신의 활동을 떠나서는 가능치 않다는 점을 말하고자 했을 뿐이다.

마르크스는 철학자가 진리를 탐구하기 이전에 먼저 먹고 입어야 한다는 데 주목한다. 그리고 먹고 입는 일이 바로 구체적 현실이며 이것이 삶의 근본적인 문제라고 생각한다. 먹고 입는 문제를 이해하기 위해서는 사회 속에서 일어나는 노동을 이해해야 한다. 하지만 마르크스가 볼 때 헤겔은 이러한 작업을 하지 않는다. 그가 말하는 노동이란 추상적 이념일 뿐이며, 그의 현실이란 철학자가 살아가는 세계가 아니라 개념적으로 파악하는 세계일 뿐이다.

관념론으로부터 실천적 유물론으로

물론 마르크스도 헤겔이 주장하듯이 인간 노동의 진정한 목적은 자유라고 생각한다. 즉 인간은 자유롭기 위해서 노동한다는 것이다. 하지만 헤겔은 이러한 자유가 정신의 세계 속에서 주어진다고 생각했다. 그러나 정말 그런 것일까? 마르크스가 볼 때 헤겔이 말하는 '주인과 노예의 변증법'이란 철학자의 머릿속에서 진행되는 이념적 구성물일 뿐이다. 현실을 직시해 보자. 그러면 무엇이 보이는가? 마르크스의 입장에서는 배를 곯고 있는 가난한 노동자들과 그들의 노동력을 착취하는 자본가들이 있으며, 이러한 사회적 관계는 이념적 세계가 아니라 생존의 현실이라는 것이다. 헤겔이 '주인과 노예의 변증법'에 대한 서술을 통해 진정한 의미에서의 자유를 획득하려고 했다면, 마르크스는 노동자를 착취하는 자본가가 존재하는 사회구조를 우선적으로 바꾸어야 한다고 생각한다.

이때 사회구조를 바꾼다는 것은 이념적으로 그렇게 설명해서 되는 것이 아니라 실천적으로 사회를 바꾸고 자본가들을 없애야 한다. 바로 이런 의미로 마르크스는 "이제까지의 철학은 세계를 해석해 왔으나 이제 철학은 세계를 변혁해야 한다."고 말한다. 그렇다면 마르크스의 철학 내용은 무엇인가? 사회관계를 실천적으로 변혁하기 위해서는 먼저 사회관계가 도대체 무엇인지 알아야 한다. 사회관계에 관한 이론이 바로 마르크스 철학 내용의 주를 이루는 이유이다. 그가 볼 때 사회관계의 본질은 경제적 관계이다. 마르크스가 경제적 관계에 대한 공부를 어떻게 시작하지 살펴보기 위해 그의 일생을 잠시 돌아보자.

1841년 예나 대학에서 '데모크리토스와 에피쿠로스 자연철학의 차이'라는 제목으로 박사학위를 받은 마르크스는 헤겔 사상에 몰두하고 예나 대학에서 교수직을 얻고자 노력한다. 하지만 헤겔 좌파적 성향을 지녔다는 이유로 대학교수직을 획득하는 데 실패하고 만다. 교수직을 포기한 그는 당시 헤겔 좌파 중 한 사람인 모지스 헤스(Moses Hess, 1812~1875)를 중심으로 출간되는 「라인 신문」에 정기적으로 글을 기고하면서 책임 편집까지 맡는다. 하지만 출판의 자유에 대한 검열이 심화되면서 그는 더 이상 신문조차 출간할 수 없게 되자, 이미 결혼한 예니 폰 베스트팔렌과 함께 독일을 떠나 프랑스 파리로 간다. 여기서 그는 프랑스에서 진행되는 노동자 계급 운동을 목도하고 엥겔스와 친교를 나누면서 경제학 이론을 체계적으로 공부하기 시작한다.

그 결과 그는 사유재산을 폐지하는 것만이 주인과 노예의 굴종 속에서 자유롭지 못한 인간을 해방하는 유일한 길이라고 생각한다.

1844년 그는 이러한 사상을 체계적으로 서술하고자 하였지만 결국 완성하지는 못하였다. 다만 이때 그 초고가 남아 있는데, '경제학 철학 초고'라는 이름으로 전해진다. 주목할 것은 이 초고 속에 마르크스 자신이 얼마나 헤겔로부터 영향을 받고 있는지 그리고 동시에 얼마나 헤겔로부터 멀어지려고 하는지가 고스란히 담겨 있다는 점이다.

『경제학 철학 초고』는 헤겔의 『정신현상학』과 루트비히 포이어바흐(Ludwig Andreas von Feuerbach, 1804~1872)의 유물론적 인간학에 대한 이해를 그 기초로 한다. 마르크스가 볼 때 포이어바흐의 위대성은 헤겔의 사변철학이 신학에 근거하고 있다는 비밀 아닌 비밀을 밝혔다는 데 있다. 즉 포이어바흐는 『기독교의 본질』이라는 저서에서 종교란 현실의 왜곡된 반영인데, 헤겔 철학도 이런 맥락에 놓여 있다고 보았다. 그에 따르면 현실 속에서 소외되고 억압받는 민중은 종교를 찾게 된다. 왜냐하면 그들은 현실의 위안을 신으로부터 찾으려 하기 때문이다. 하지만 신은 이때 결코 그들에게 위안을 줄 수 없다. 왜냐하면 신이란 결국 그들

스스로 현실의 소외로부터 도피하기 위하여 만들어 낸 것에 불과하기 때문이다. 진정으로 그들이 현실의 억압으로부터 해방을 하려면 종교로 복귀하는 것이 아니라 현실 속에서 사회관계를 바꾸어야 한다.

포이어바흐가 볼 때 인간의 본질은 헤겔이 말하듯이 정신이 아니라 그가 무엇을 먹는가에 따라 결정된다. 즉 인간은 어떤 사회나 물질적 환경 속에 놓이느냐에 따라 그 사람의 의식수준과 교양 및 성격과 인품까지도 결정된다. 그러한 결정 요소 이외에 인간을 규정하는 어떤 다른 것도 존재하지 않는다. 이런 의미에서 포이어바흐의 이론은 '인간학적 유물론'으로 규정된다. 마르크스는 바로 이러한 포이어바흐의 입장을 받아들이면서 헤겔을 비판한다.

그는 우선 자연과 인간의 관계를 고찰한다. 헤겔은 이미 『정신현상학』 속에서 감각적 사물의 진리는 정신이듯이, 자연이란 정신에 의해 해석되고 파악되어야 할 내용이라고 주장한다. 다시 말해 자연은 정신과 구분되지만 인간을 위해 존재한다는 데 의미가 있을 뿐, 그 자체로는 아무 의미가 없다는 것이다. 하지만 마르크스는 자연과 정신은 구분되지 않는다고 생각한다. 오히려 인간은 자연의 일부분이다. 즉 인간이란 자연의 법칙에 따라 형성된 존재이다.

따라서 정신의 역사는 헤겔과는 반대로 자연의 역사로 보아야 한다.

이러한 생각은 마르크스가 얼마나 헤겔과 다른 전제 위에 놓여 있는지를 단적으로 보여준다. 헤겔이 자연을 정신의 관점에서 해석한다는 의미에서 관념론이라고 한다면, 마르크스는 정반대의 의미에서 유물론이다. 특히 이때 중요한 것은 자연과 인간이 동일하다면, 인간과 인간의 관계에 대한 이해도 새롭게 접근해야 한다. 즉 인간들 사이 관계의 기초는 더 이상 정신적인 것이 아니라 생물학적인 것이며 감각적이고 물질적인 것이라는 관점이다. 이러한 것들에 기초한 인간들 사이의 관계는 구체적으로 인간의 물질적 활동으로 나타나는데, 그것은 다름 아닌 노동이다.

노동은 인간 활동의 기초이며 사회생활의 기초이다. 인간은 노동 속에서 자신을 대상으로 만들며 동시에 인간으로 자신을 완성한다. 예를 들어 설명하면 다음과 같다. 인간은 먼 거리를 더 빨리 가고 싶은 마음에서 자동차를 만들며 비행기를 만든다. 자동차와 비행기를 만들려면 자연의 물리적 법칙을 알아야 하며 철강 산업을 발전시켜야 한다. 이 철강 산업을 위해 광산을 건설하고 원석을 녹여 철을 뽑아내야 한다. 이러한 일련의 과정들은 인간이 먼 거리를 빨리 가거나 날고 싶은 욕망을 실현하는 과정이며, 이 욕망의 실현 속에서 인간은 서로에 대해 새로운 관계를 형성하고 보다 복잡해지는 사회구조를 만들어간다. 결국 인간은 노동을 통해 자신의 욕망을 실현할 뿐만 아니라 인간으로서의 문명과 역사를 만들어 간다.

이러한 이유로 마르크스는 인간의 생산 활동을 기초로 이루어지는 산업이란 인간과 자연 그리고 인간과 인간의 실제적이며 역사적인 관계의 산물이라고 말한다. 다시 말해 인간의 물질적 생산 활동은 인간과 자연을 통합하고 인간 삶의 다양성을 규정하는 근거가 된다. 인간의 본질이 무엇인지는 사회적 생산 활동의 총체 속에서 결정된다.

예를 들어 중세 사람들이 태양의 일식 현상을 보았다면, 그들은 그것을 신이 자신들에게 보내는 암시라고 생각할 것이다. 반면 근대 사람들은 과학적 원리에 의해서 그 현상을 설명한다. 이러한 태도의 차이는 어디에서 기인할까? 당연히 과학과 산업의 발달로부터 기인하는 것이다. 과학과 산업의 발달이란 인간 생산 활동의 결과물이다. 어떤 사람이 무엇을 생각하는지 어떻게 생각하는지는 그가 속한 사회가 어떤 사회인지 어느 정도로 발전한 사회인지에 따라 규정된다. 따라서 생산 활동은 사회관계뿐만 아니라

인간이 생각하는 것의 내용과 방식까지도 바꾸어 놓는다
고 할 수 있다.

헤겔이 『정신현상학』을 통해 인간의 참된 자유는
정신의 왕국에서 가능해진다고 역설했다면, 마르크스는 인간의 참된 자유란
사유재산 제도와 노동 분화를 폐지함으로써 가능해진다고 주장한다.

노동 소외론

인간이 노동의 산물이라는 주장은 마르크스가 독창적으로 만들어 낸 생각이 아니다. 이미 『정신현상학』 속에서 헤겔은 정신의 노동은 인간의 역사를 창조하는 활동이며 인간은 그 창조된 역사의 산물이라고 말하였다. 단지 마르크스가 강조하려던 것은 이때 인간의 노동은 기본적으로 정신적인 것이 아니라 물질적인 것이며 감각적인 것으로 파악되어야 한다는 점이다. 인간의 사회와 역사를 이해하는 단초인 노동의 개념이 이처럼 다르다면, 그 노동의 결과인 인간의 삶을 진단하는 내용도 달라질 것이다. 그 차이는 '소외론' 속에서 분명히 나타난다.

마르크스가 볼 때 『정신현상학』은 정신이 자유를 찾아 가는 여정에 대한 서술이다. 정신은 자유롭기 위해 자신을 스스로에게서 분리하고 그 분리된 자신을 타자로 설정한 다. 이때 정신이 자신에게 타자가 되는 것이 바로 소외이 다. 하지만 궁극에 가서 정신은 그 타자가 자기 자신과 다 른 것이 아님을 깨닫는다. 즉 정신은 자신과 분리된 현실 과 화해하고 스스로 만들었던 소외로부터 벗어나서 자기 자신으로 복귀한다. 그리고 이렇게 복귀하는 정신을 헤겔 은 정신의 자유라고 부른다는 것이다. 이런 관점에서 본다 면 정신의 노동을 통해 진행되는 인간의 역사란 정신이 소 외되었다가 그 소외를 극복하는 과정이라고 할 수 있다.

마르크스는 헤겔의 이러한 설명이 현실을 제대로 파악하 지 못하고 단지 관념적으로 이해했기 때문에 나오는 결과 라고 생각한다. 왜냐하면 소외라는 것은 단순히 정신이 겪 는 타자에 대한 불안 그 이상이기 때문이다. 앞서 말했듯 이 마르크스는 인간 노동의 기초는 물질적인 것이라고 생 각한다. 그렇다면 이러한 노동 활동 속에서 인간이 소외된 다는 것은 단순히 정신적으로 고통을 받는 것이 아니라 구 체적으로 물질적 생산 활동 자체 속에서 고통을 받게 된다 는 의미이다. 인간은 노동 활동 속에서 배반의 고통을 느끼는 것이다.

그렇다면 노동하는 인간들은 물질적 생산 활동 속에서 왜 행복을 느끼지 못하고 고통을 당하게 될까? 마르크스에 따르면 결정적인 이유는 사유재산 제도와 노동의 분화가 존재하기 때문이다. 다시 말해 각자 맡는 노동이 서로 구분되기 시작하고 사유재산을 소유할 수 있게 되면서부터 인간 사회는 지배와 피지배 관계가 형성되며, 이러한 관계가 형성되는 한에서 인간의 생산 활동은 결코 노동자들의 자기실현이 될 수 없다는 말이다.

예를 들어 두 사람이 있다고 해 보자. 한 사람은 고기 잡는 일을 하며 다른 한 사람은 의사이다. 각자가 노동을 하고 대가를 받는데, 고기를 잡는 일은 대부분 사람이 조금만 연습하면 가능한 반면, 의사가 되기 위해서는 많은 노력이 필요하다. 따라서 사람들은 의사의 노동에 대하여 더 많은 대가를 지불하려고 한다. 따라서 누가 무슨 일을 하든지 대가는 똑같이 나누어 갖는다는 원칙이 없는 한, 모두 가능하다면 의사가 되려고 할 것이다. 더 많은 대가를 받는다는 것은 더 많은 재산을 모을 수 있게 된다는 의미이다. 개인이 재산을 많이 모으면 더는 노동을 할 필요가 없다. 자신의 돈으로 타인의 노동을 사서 더 많은 돈을 모을 수 있기 때문이다. 이때 재산을 많이 모은 사람을 마르크스는 부르주아(자본가)라고 부르며 개인 재산이 전혀 없기 때문에 자신의 노동을 팔아야 하는 사람을 프롤레타리아(노동자)라고 부른다.

노동이 분화하고 사유재산이 존재하기 시작하면서, 사회는 지배자와 피지배자의 관계로 재편된다. 물론 이때 지배자는 자본가이며 피지배자는 노동자이다. 노동자들은 재산이 없기 때문에 빵을 얻기 위해서는 자본가에게 자신의 노동을 팔아야 한다. 이렇게 되면 이제 노동자들의 생산 활동은 더 이상 노동자 자신을 위한 것일 수가 없다. 그것은 자본가를 위한 것이 된다. 그리고 그 노동을 통해 만든 생산물도 더 이상 노동자들 자신의 것이 아니다. 노동자는 노동의 대가로 자본가에게 빵을 얻을 뿐, 노동 생산물은 자본가의 몫이 된다. 노동자는 노동 생산물이 자신의 것이 되지 않는 한 다시 빵을 얻기 위해 더 열심히 자신의 노동을 자본가에게 팔아야 한다. 악순환은 계속된다.

그렇게 되면 결과는 어떻게 될까? 결국 노동자들은 노동을 하는 과정 속에서 자기실현과 발전을 이루기보다 오히려 절망과 좌절 속에서 하루하루 생존을 위해 살아갈 뿐이다. 마르크스는 노동자들이 노동 활동 속에서 소외되는 모습을 다음과 같이 네 단계로 나누어 설명한다. 첫째, 노동 생산물로부터의 소외. 둘째, 노동 과정으로부터의 소외. 셋째, 자기 자신으로부터의 소외. 넷째, 타인과 함께 살아야 하는 존재로부터의 소외.

마르크스가 볼 때 사유재산이 허락되는 자본주의 사회는 결코 노동하는 인간의 자아를 실현해 주고 자유롭게 만들지 못한다. 그렇기 때문에 소외를 극복하기 위해서는 우선적으로 사유재산을 폐지하고 노동 분화를 없애야 한다. 즉 자본가들은 자신의 재산을 사회에 환원하고 노동자의 노동을 통해 생산되는 생산물로부터 얻는 이익을 노동자들에게 평등하게 분배해야 한다. 하지만 현실적으로 이것이 가능한 일일까?

마르크스는 자본가들의 자발성을 기대하기란 절대 불가능하다고 생각한다. 왜냐하면 인간은 욕망을 가진 존재인데, 그러한 존재가 자신의 욕망을 포기할 리가 없기 때문이다. 인간은 누구든 자기가 이룩한 삶의 기득권을 놓지 않으려고 하기 마련이다. 자본가들도 마찬가지이다. 개인적 욕구와 편안한 삶을 추구하려는 자본가들은 자신의 개인 재산을 결코 포기하려고 들지 않을 것이다. 그렇다면 어떻게 해야 평등한 사회를 건설할 수 있을까?

마르크스는 물리적 강제력을 동원하지 않고서는 불가능하다고 본다. 이것이 바로 공산주의 혁명이다. 노동자들은 단결해서 사회구조를 변혁해야만 한다. 이때 가장 핵심이 되는 것은 사유재산의 폐지이다. 왜냐하면 사유재산 제도 때문에 빈부 격차가 발생하며, 그 결과 노동자들의 노동은 자신의 삶의 질을 개선하고 이념을 실현하는 일이 아니라 오히려 빵을 얻기 위한 수단으로 전락하고 급기야는 스스로의 삶을 질곡으로 몰아가기 때문이다.

혁명을 통해 사유재산 제도를 폐지한다는 것은 단순히 정치경제학적으로 자본주의를 폐지한다는 의미만이 아니다. 사유재산 제도가 사라지고 나면 누구든지 생존을 위한 투쟁으로서가 아니라 즐거운 마음으로 자신의 가치를 실현하기 위해 노동을 할 수 있다. 그렇게 된다면 애초에 노동이 인간에게 의미하는 바, 즉 인간의 자아와 자유를 실현하는 수단이라는 의미가 회복된다. 그리하여 인간은 노동 속에서 진정으로 자유를 누리게 될 것이다.

사유재산 제도를 폐지하고 노동 분화를 없애는 일이 이처럼 한편에서는 자유로운 인간의 실체를 확인하는 과정이라고 한다면, 다른 한편에서는 삶의 질곡으로부터 인간을 해방하는 과정이기도 하다. 다시 말해 자유로운 개인의 주체성을 억압하는 사회로부터 개인을 해방하는 것이며, 동시에 불가피하게 벗어날 수 없어 묶여 있는 삶의 억압으로부터 인간을 해방하는 것이다. 궁극적으로 헤겔이 『정신현상학』을 통해 인간의 참된 자유는 정신의 왕국에서 가능해진다고 역설했다면, 이제 마르크스는 인간의 참된 자유는 사유재산 제도와 노동 분화를 폐지함으로써 억압과 강제가 없는 공산주의에서 가능해진다고 주장하는 것이다.

유물론적 자유의 실현

마르크스에 따르면 공산주의 혁명이 성공한 후, 새로운 유토피아를 건설할 수 있는 인간은 자본주의 사회에서 가장 비참한 인간, 즉 하루의 빵을 얻기 위해 생산수단을 가진 자본가들에게 자신의 노동을 억지로 팔아야 하는 극도로 소외된 노동자들이다. 그렇다면 왜 마르크스는 노동자들만이 새로운 세상을 건설할 수 있는 주역이며, 노동자들의 해방이 곧 인간의 해방이라고 주장하였을까? 마르크스가 볼 때, 노동자들이 새로운 사회를 건설할 수 있는 주역이 되는 이유는 그들만이 인간 존재로부터 총체적으로 소외되어 있기 때문이다. 이러한 생각은 결국 헤겔로부터 온 것이다.

헤겔은 『정신현상학』에서 주인과 노예의 변증법을 통해 결국 노예가 해방이 되면 주인도 왜곡된 삶으로부터 벗어난다고 말한다. 왜냐하면 겉으로는 주인이 자유인인 듯 보이지만 사실은 노동하는 노예에 의존적이므로 결국은 노예의 노예인 셈이기 때문이다. 따라서 노예가 참된 자유인이 된다면 주인도 자유인이 될 수 있는 기회를 얻는다. 마찬가지로 노동자가 자유를 얻는다면 자본가들 또한 왜곡된 삶의 구조로부터 벗어나 자유인이 될 수 있는 기회를 얻는다. 따라서 마르크스 이론에 있어서 노동자들은 자신뿐만 아니라 왜곡된 모든 현실을 회복하고 더 나아가 자본가조차도 새로운 인간으로 변모시키는 역사적 사명을 갖는다.

마르크스에게 소외된 현실을 극복하고 인간 해방이라는 목표를 향해 나아가는 역사의 과정은 『정신현상학』에서 정신이 자유를 향해 걸어가는 여정과 무척이나 비슷하다. 자유의 가장 피상적 단계인 감각적 인식으로부터 시작해서 인간과 인간들의 관계인 인륜성을 지나 상호 인정하는 자유가 실현되기까지 정신이 걸어가야 했던 험난한 여정은,

지배와 피지배의 억압으로 점철된 사회관계를 지나 궁극에 가서는 억압과 고통이 없는 자유의 왕국으로 진행하는 역사의 과정과 어찌 보면 동일한 이야기일 수 있다.

여기서 마르크스는 『정신현상학』이 바라보지 못했던 중요한 한 가지 측면을 짚고 있다. 물론 이때 헤겔은 자유의 과정을 정신의 과정으로 이해한 반면, 마르크스는 물질적 현실의 과정이라고 파악했다는 점은 그렇게 중요하지 않다. 왜냐하면 비록 헤겔이 역사의 과정이 정신의 과정이라고 보았을지라도 그것을 통해 헤겔이 의도한 바는 마르크스와 다르지 않게 물질적 현실을 포함한 모든 노동의 과정이었기 때문이다. 헤겔과 보다 근본적으로 구분되는 마르크스의 견해는 오히려 다음과 같다. 즉 역사는 더 이상 이성이 지배하는 것이 아니라는 점이다.

마르크스가 인간의 현실적 역사를 소외의 역사라고 파악한 것은, 그 역사란 계몽주의가 믿었듯 이성의 실현이 아니라 오히려 부패와 왜곡의 과정이었음을 의미한다. 즉 역사 속에서 나타나는 소외란 자유를 향한 여정 중에 나타났다가 사라지는 계기가 아니라 본질적인 모습이다. 역사 전체는 오히려 왜곡과 굴절의 과정이며 부정적인 것이 난립하는 과정이다. 따라서 참된 자유를 실현하기 위해서는 이제까지의 모든 역사는 폐기하고 새롭게 역사를 만들어 가야 한다. 그것은 공산주의가 도래해야 비로소 가능해진다. 기존 역사 속에는 결코 이성적인 것이 존재하지 않았기 때문이다.

마르크스는 헤겔이 『정신현상학』에서 말하려던 자유의 실현이란 역설적이게도 헤겔의 사상이 모두 폐기되고 난 후에 새로운 인류가 도래하면 비로소 가능해질 수 있다고 생각한다. 그때 새로운 인류란 더 이상 이기적 욕구를 충족하기 위해서 노동하는 사람들이 아니다. 모든 노동의 의무와 철학적 사변으로부터 벗어나서 자유롭게 일할 때, 일을 할 때뿐만 아니라 사변에 빠질 때 사유할 수 있는 인간을 의미한다. 그러한 인간은 정신의 자각 속에서 만들어지는 것이 아니라 물질적 평등이 실현될 때 만들어지는 것이다.

물론 이와 같은 마르크스의 생각을 조건 없이 받아들이는 태도는 온당치 않다. 왜냐하면 헤겔에게 있어 정신이란 단지 마르크스가 생각하듯이 그렇게 물질적인 것에 대립되는 관념적인 것은 아니기 때문이다. 오히려 앞에서도 계속 이야기했지만 헤겔에게 정신이란 인간 삶의 총체로서의 문화와 같은 개념이다.

이렇게 본다면 『정신현상학』에서 서술되는 정신의 소외 속에는 마르크스가 말하는 생산관계 속에서 나타나는 물리적 소외뿐만 아니라 더 나아가 심리적 소외까지도 포괄된다고 볼 수 있다. 그렇다고 해서 마르크스의 노력이 결코 헛되다고 볼 순 없다. 마르크스는 인간관계가 얼마나 정치경제학적 요소에 의해 규정되는지를 극명하게 보여주는 데 성공했다. 이러한 부분은 분명 무시할 수 없는 중요한 성과이다.

헤겔과 마르크스의 차이를 뒤로 하면, 그들의 공통점이 전면에 두드러진다. 둘 다 인간의 기나긴 역사의 여정이 참된 자유를 실현하기 위한 과정이라고 보았다는 데 공통점이 있다. 단지 그 자유가 실현될 수 있는 조건이 무엇인지에 대해서는 차이가 있을지라도, 자유가 실현된 역사의 도달점은 굴곡과 고난으로부터 해방된 진리의 왕국이라는 점에서 동일하다.

이런 의미에서 헤겔과 마르크스는 역사를 목적론적으로 이해한다고 볼 수 있다. 헤겔에게 그 목적을 가능케 하는 것은 인간 삶의 과정 속에서 전개되는 이성인 반면, 마르크스에게 그것은 스스로를 실현하는 노동자들의 노동이다. 하지만 이때 노동자들의 노동을 인간의 노동으로 만드

는 것이 무엇일까? 그것은 바로 이성이 아닐까? 만일 그것
이 이성이라면 마르크스는 자기가 그렇게 벗어나고 싶어
했던 출발지로 원치 않게 다시 돌아와 버린 셈이다.

6

주체, 이성을 비판하다

빛을 비춘다는 의미에서 계몽(Enlightment)이라 일컫은 시대인
근대는 세 가지 개념으로 규정할 수 있다. 첫째는 인문주의이며, 둘째는 이성이고,
마지막은 주체이다.

헤겔 철학 비판

헤겔과 그 뒤를 잇는 마르크스의 철학이 지배하던 시대
는 지나갔다. 헤겔의 시대는 그가 사망한 지 몇 년이 채 되
지 않아, 1835년 『반-헤겔에 대한 비판』이라는 포이어바
흐의 저작이 간행되면서부터 막을 내리기 시작하였다. 포
이어바흐에 의해 관념론적 사유로부터 유물론적 사유로의
전환이 일어나기 시작하였으며 그 뒤를 이어 마르크스에
의해 유물론적 체계가 완성되었다. 특히 마르크스의 철학
과 더불어 이론으로서의 철학은 종말을 고하였다. 마르크
스는 "이제까지의 철학은 세계를 해석하기만 하였다. 하지
만 이제 문제는 세계를 변혁하는 일이다."라는 주장과 함

께 실천적 유물론을 제시하였다. 이러한 마르크스의 주장은 그의 의도대로 현실에서 이루어지기 시작하였다. 1919년 러시아에서는 레닌에 의해 공산주의 혁명이 일어난다. 마르크스가 말하듯이 그의 철학은 이제 더 이상 현실에 대한 해석이 아니라 현실을 변혁하는 무기가 되어가고 있었다.

소비에트 혁명과 더불어 마르크스의 이론은 상황에 따라 재해석되면서 현실을 개혁하는 힘으로 전 세계를 지배하기 시작하였다. 하지만 영원한 진리를 약속하던 헤겔의 철학이 몰락하였듯이 마르크스의 철학도 오래갈 수는 없었다. 그의 철학은 1989년 소련의 붕괴와 더불어 현실 세계로부터 물러나기 시작한다. 이와 함께 오늘날 사람들은 헤겔과 마르크스가 주장하였던 인간의 자유를 실현하는 세계사적 과정을 더는 신뢰하지 않는다. 오히려 20세기 들어서 겪은 두 번의 세계 대전과 갈수록 피폐해지는 지구 환경 그리고 도덕성의 타락을 경험하면서 이제까지 철학자들이 주장하던 이론들에 대한 회의와 비판이 일기 시작하였다.

특히 최근에 들어서는 이성이 세계에 빛을 던져 주리라는 계몽주의적 이상에 대한 근본적 회의와 함께 이제까지 철학이 경험하지 못했던 새로운 사상의 길을 개척하는 사람들이 나타나기 시작하였다. 이 길에는 '포스트모더니즘(postmodernism)'이라는 이정표가 붙었고, 이 길로 들어서기 위해서는 누구든 한 번은 헤겔을 비판해야 했다. 그렇다면 왜 헤겔에 대한 비판이 새로운 길로 들어서는 입장권이 되었는가? 이 물음에 답하기 위해서 우리는 헤겔 철학의 의미를 다시 한 번 되짚어 볼 필요가 있다. 특히 헤겔 철학 자체만이 아니라 데카르트부터 시작해서 헤겔로 이어지는 근대 철학 전반과 연관해서 그 의미를 살펴보아야 한다.

혼돈과 무질서의 세기말

세기말에는 늘 그렇듯이 중세가 끝날 무렵에도 많은 사람이 한편에서는 가치관 및 세계관의 혼돈과 무질서 속에서 불안에 떨었으며, 다른 한편에서는 또 다른 빛이 비춰주기를 희망하였다. 무엇보다도 중세에서 절대적 권력이었던 보편주의로서의 가톨릭이 도전받기 시작하였다. 그 도전은 조용하면서도 엄청난 위력으로 로마 교황청을 흔들었는데, 전혀 엉뚱하게도 이 도전의 첨봉에 서 있던 자들은 자연과학자들이었다. 조르다노 브루노(Giordano Bruno, 1548~1600) 혹은 갈릴레오 갈릴레이(Galileo Galilei, 1564~1642) 등이 바로 그들이다. 이들은 태양이 지구 주위를 돌지 않고 지구가 태양 주위를 돈다고 주장하였다. 어찌 보면 평범한 과학자의 객기 어린 소리로 들릴 수 있는 이 주장의 심각성을 교황청은 곧바로 알아차렸다. 왜냐하면 그러한 주장은 종교적으로는 신의 창조 섭리에 대한 절대적 도전이며 정치적으로는 교황청의 권력에 대한 도전이었기 때문이다.

기독교 이론에 따르면 하느님은 천지를 창조하시고 그 창조의 마지막 날 흙으로부터 '자신의 형상을 따라(imago dei)' 인간을 지으셨다. 그리고 그렇게 지은 인간을 아담이라 부르고 바로 지구에서 살도록 하였다. 하느님이 보았을 때 스스로 지은 이 세계는 너무 아름다웠으며 그의 창조 질서는 너무도 조화로웠다. 따라서 모든 해와 달과 별은 가장 아름다운 피조물인 인간과 그가 사는 지구 주위를 도는 것이 너무나 당연했으며 그것은 창조의 질서를 완성하는 과정이기도 하였다.

우주에서는 지구를 중심으로 해와 달과 별이 움직인다면 지상에서는 신의 대리인인 교황과 그가 머무르는 곳을 중심으로 모든 열방과 나라가 움직이는 일 또한 창조의 질서에 속하는 법칙이었다. 하지만 느닷없이 일개 학자가 "지구가 태양 주위를 돈다."는 주장과 함께 이 엄청난 창조의 질서를 깨뜨리려고 하지 않는가! 아마도 로마 교황청에서 보았을 때 건전한 이성을 가진 인간이 제기할 수 있는 주장은 아닐 터였다. 필시 인간 안에 악마가 자리 잡고 그로 하여금 주장하도록 조종한 것이 틀림없었다. 그렇다면 어떤 악마인지 심판해 보아야 한다. 따라서 종교재판이 열리고 악마의 존재를 확인한 바, 그 악마를 제거하기 위해서는 그러한 주장을 한 과학자를 뜨거운 불로 태워 죽여야 했다.

교황청이 한때 악마의 목소리로 간주한 많은 주장들은 시대의 흐름과 함께 서서히 이성의 목소리로 이해되기 시작한다. 그러한 주장을 하는 자들은 오히려 진리의 사도로 받아들여지기에 이른다. 그런데 이러한 변화와 더불어 새로운 문제가 나타난다. 왜냐하면 창조의 질서가 흔들리기 시작하면서 이제까지 삶과 학문의 근원이었던 하느님의 섭리 자체도 의심받기 시작하였기 때문이다. 가톨릭은 흔들리기 시작했으며 그 위에 건설된 모든 가치의 척도와 학문의 진실성도 함께 휘청거렸다. 이제 인간은 어디로부터 삶의 척도와 진리의 기준을 얻어야 하는가? 혼돈의 상황 속에서 진리의 기준을 얻고자 노력한 철학자가 있었으니, 그가 바로 데카르트이다.

데카르드는 진리의 기준을 얻기 위해, 확실하지 않은 모든 것을 의심하기로 한다. 그렇다면 더 이상 의심할 수 없는 것은 과연 무엇일까? 그가 판단하기에, 인간이 의심하는 한 의심하는 일 자체는 더 이상 의심할 수 없는 확실한 것이다. 따라서 그는 "나는 생각한다. 혹은 의심한다. 따라서 나는 존재한다."라는 명제를 도출한다. 이 하나의 흔들리지 않는 명제가 바로 중세의 신앙이 무너지고 난 후 근대를 성립하는 토대가 된다.

이 명제가 말하듯이 이제 내 존재의 근원은 더 이상 신이 아니다. 신이 나를 창조한 한에서 내가 존재하는 것이 아니라 내가 생각하는 한에서 나는 존재한다. 그것도 더 이상 타인이 나를 생각해 줄 때 내가 존재하는 것이 아니라 '내'가 스스로 생각하는 한 나는 존재하는 것이다. '생각하는 나' 혹은 '이성적인 나'는 이제 존재의 근원이며 진리의 척도가 된다. '이성적인 나'는 더 이상 신이 아니라 인간이다. 그렇다면 존재의 근원과 진리의 척도는 더 이상 신이 아니라 인간이다. 결국 데카르트의 명제와 더불어 이성을 가진 인간이 중세 신의 자리에 들어서게 된다.

이성과 계몽의 광명

인간은 이제 새롭게 이성의 빛을 통해 세계를 건축하기 시작한다. 혼란과 무질서의 시대는 지나고 밝은 광명의 시대가 바야흐로 열리기 시작한 것이다. 빛을 비춘다는 의미에서 계몽(Enlightenment)이라 일컫은 시대였다. 계몽과 더불어 시작되는 근대는 세 가지 개념으로 규정할 수 있다. 첫째는 인문주의이며, 둘째는 이성이고, 마지막은 주체이다.

올바른 인간 삶의 척도는 더 이상 초월적인 신이 아니라 인간 내부에서 찾아야 한다는 것이 바로 '인문주의'의 내용이다. 인간의 본질은 '이성'이므로 이성을 통해 세계와 자연을 해석하고 건설해야 한다는 것이 바로 이성주의의 내용이다. 그리고 인간은 인간을 구속하는 모든 구속으로부터 벗어나서 자신의 삶과 사회를 구성하는 자율적 주체로서 존재해야 한다는 것이 바로 '주체'의 의미이다. 이렇게 근대를 대표하는 세 단어로 인간, 이성, 주체를 꼽을 수 있다.

이성의 토대 위에서 전개되는 근대화의 과정이란 경제적, 사회적, 이념적으로 개인이 자유로운 주체가 되어가는 과정이라고 할 수 있다. 이때 경제적으로 자유로운 주체란 노동의 주체로서 자신의 노동을 자기 의지에 따라 팔 수 있는 존재를 의미하며, 사회적으로 자유로운 주체란 자신의 의지에 따라 타인과 계약을 함으로써 사회를 구성할 수 있는 존재를 의미한다. 근대의 계약사회는 인간을 이러한 자유로운 주체로 이해함으로써 성립한다. 사회계약론에 따르면 인간은 태어날 때부터 자신의 욕망을 추구하는 이기적이며 자유로운 존재이다. 이러한 자유로운 존재인 인간이 자연이나 타인의 위협으로부터 생존의 한계를 느낄 때, 서로 계약을 맺고 공동체를 형성한다. 공동체의 기초는 더 이상 신의 뜻이 아니라 인간의 자유로운 의지 위에 놓인다.

마지막으로 이념적으로 자유로운 주체라는 것은 인간이란 모든 사물을 이성적으로 판단하는 존재라는 의미이다. 근대에 들어서면서 세계는 더 이상 단일한 것이 아니라 서로 다른 수많은 현상들로 이해되기 시작한다. 이러한 가운데 학문이 성립하기 위해서는 개별적 사태들을 보편적으로 결합할 수 있어야 한다. 즉 개별적 사태들을 형식화해서 하나의 연결고리로 엮을 수 있어야 한다.

이때 개별적 사태를 보편적 연관으로 묶는 역할을 인간의 이성이 담당한다. 인간은 인식할 대상인 세계를 객체로 설정하고 자신을 주체로 간주한다. 진리의 근거는 객체가 아니라 주체에 놓인다. 즉 객체의 근거는 주체 속에서 찾을 수 있다. 왜냐하면 인식의 주체인 인간은 스스로 사유하는 자로서 대상에 대하여 의미를 부여하는 자로 이해되고, 인식의 대상인 객체는 모두 그 자체로는 가치가 없는 것으로 생각되기 때문이다.

만일 어떤 사물이 의미가 있다면, 그것은 반드시 인간과 연관되어 있기 때문이다. 이렇게 본다면 모든 사물 세계란, 그것이 인간에 의해 인식된 한에서의 세계이다. 사물을 그러한 세계로 인식하는 존재가 인간이라는 말은, 곧 세계를 그러한 모습으로 건축하는 존재 또한 인간임을 의미한다. 세계는 이제 인간에 의한 인간을 위한 세계이다.

인간은 자연을 측량하고 개량하며 자신의 욕망을 충족하기 위한 수단으로 만들어 나간다. 인간은 세계의 주인이며 동시에 세계를 창조해 나가는 창조자이자 건축가이다. 인간의 인식과 지배 속에 들어오지 않는 자연은 쓸모없는 것으로 폐기되며 모든 가치를 박탈당한다. 이성을 가진 인간은 자연을 자신의 목적에 맞게 재구성할 수 있을 뿐만 아니라 자신 또한 보다 완전한 존재자로 만들 수 있다고 생각한다. 이처럼 휴머니즘이라는 이름 아래 전개되는 인간의 세계 지배는 그 절대적 정당성과 더불어 근대를 거쳐 현대에 이르기까지 절대적 가치로 인정받는다.

근대의 많은 철학자들이 이성, 주체, 자유라는 이념을 통해 세계와 인간의 역사를 해석하고자 노력하였지만, 이 세 개념을 통일하여 자연과 역사를 하나의 체계로 설명하는 철학자는 없었다. 이 작업은 "철학이란 사유 속에 반영된 그 시대이다."라는 헤겔의 말처럼 비로소 근대가 끝나는 시점에서 완성되었다. 이 작업을 완성한 철학자가 바로 헤겔이다. 이렇게 본다면 헤겔 철학은 근대 계몽주의의 완성이요, 그 몰락의 출발점이다.

헤겔이 말하듯 인간이 욕구를 가진 존재인 한 앞으로도
갈등과 투쟁은 끊임없이 존재할 것이다. 반면 또한 이성을 가진 존재이기에
인간은 이러한 혼란과 갈등의 역사 속에서 끊임없이 희망을 가질 수 있다.

포스트모더니즘

현대에 많은 철학자들은 '포스트모던'을 이야기한다. '포스트'란 '이후'라는 뜻이다. 그렇다면 포스트모던이란 '근대 이후'라고 번역할 수 있다. 이때 그들이 염두에 두는 모던이란 무엇일까? 그것은 다름 아닌 헤겔에 의해 완성된 모던이다. 따라서 포스트모던이 근대에 대한 비판이라면 포스트모던을 이야기하는 사람들은 모두 헤겔을 비판할 수밖에 없다. 이때 비판되는 헤겔 사상의 핵심은 앞서 우리가 살펴본 『정신현상학』의 내용이다.

그 내용이란 첫째, 진리는 고정되어 불변하는 실체가 아니라 역동적으로 움직이는 주체라는 점. 둘째, 역사는 주

체로서의 이성의 자기실현 과정이라는 점. 셋째, 이 과정의 궁극 목표는 자유라는 점이다. 『정신현상학』은 인간이 지성을 통해 사물을 어떻게 인식하고 점유해 나가는지 보여주며 동시에 욕망하는 인간들이 어떻게 사회를 구성하고 개인의 자유를 위해 투쟁하는지 그리고 종국에 가서는 어떻게 이성적 자유를 실현하는지 보여주었다.

물론 헤겔은 근대의 출발부터 전제된 개인주의적 이성에 대하여 비판한다. 하지만 그의 비판은 근본적으로 이성의 구조 자체에 대한 비판이 아니라 그 정당성에 대한 비판이다. 그렇기 때문에 헤겔은 자신의 철학 속에서 계몽주의적 이성을 정당화한다. 그에 따르면 계몽주의가 꿈꾸는 이성의 실현은 인륜적 공동체 속에서만 가능할 수 있다. 결국 이러한 정당화를 시도한 헤겔은 근대적 이성주의를 완성한 사람이라고 할 수 있다.

계몽주의적 이성이 실천적 삶에 있어서 많은 부분 긍정적 역할을 했다는 사실은 누구도 부인할 수 없다. 하지만 다른 한편에서 계몽주의적 이성에 기초한 주체의 자각이 부정적 역할을 했다는 현실 또한 부인할 수 없다. 즉 계몽주의적 이성은 자율적 개인들 사이의 합의에 의거하여 정치권력의 정통성을 설명하는 사회계약론을 성립시켰지만,

다른 한편에서는 인식의 모든 대상을 객체로 만들고 그 객체에 대한 착취와 차별을 정당화하는 이론을 제공한 셈이었다. 또한 자율적 주체에 대한 신념은 정치적 현실 영역에서는 봉건적 절대주의를 타파하고 시민의식을 형성하는 데 역사적으로 중요한 기여를 했지만, 다른 한편에서는 부르주아적 지배, 제국주의적 지배, 절대 사회주의적 지배라는 또 다른 형태의 지배를 통하여 그 체계에 순응하지 않는 타자들을 억압하는 데 일익을 담당하기도 하였다. 따라서 포스트모던을 이야기하는 사람들은 '계몽의 이성'과 '주체'란 인류가 품었던 희망의 이름이 아니라 또 다른 형태의 억압과 폭력이라고 지적한다.

데리다와 주체에 대한 비판

근대에 대한 비판은 우선 모든 것을 대상화해 버리고 그 대상을 자신의 소유로 만들어 버리는 이성적 주체에 대한 비판과 더불어 시작된다. 그리고 이성적이며 자율적인 주체가 자기 운명의 주인임을 주장하는 사상이 얼마나 허구적인지를 폭로하기 시작한다. 현대 프랑스 철학자 자크 데리다(Jacques Derrida, 1930~2004)에 의하면 모든 것을 객체와 주체로 구분하고 그 위에서 객체를 주관하는 전통적인 주체 개념은 질내적 자기동일성을 갖춘 주체이다. 이러한 주체는 객체를 타자로 규정하고 이를 폄하할 뿐만 아니라 배제하고 억압하는 기능을 하는데, 특히 이러한 모습은 헤겔에게서 두드러진다.

데리다가 볼 때, 그와 같은 자기동일성을 갖춘 주체는 사실 허구이다. 왜냐하면 그 안에는 자기동일성을 이루기 위해 이미 타자성, 차이성, 균열성 등이 포함되어 있기 때문이다. 그가 볼 때 주체와 객체 혹은 주체와 타자의 관계는 대립적인 관계가 아니라, 동일한 주체에 내재하는 구성적 요인으로 보아야 한다.

예를 들어 홍길동이라는 인물을 생각해 보자. 홍길동은 나름대로 고유한 자신만의 특성을 지닌다. 그는 배려심이 깊은 인물이며 지혜가 뛰어나고 외모가 준수한 인물이다. 홍길동의 이러한 특성은 타고난 것일까 아니면 만들어진 것일까? 물론 타고난 측면도 있겠지만 결정적인 면은 만들어졌다고 볼 수 있다.

홍길동은 애초부터 첩의 자식으로 아버지를 아버지라 부를 수 없는 시대에 태어났다. 하지만 뛰어난 총명함과 재주를 지니고 태어났으므로 다른 사람의 시기를 받고 견디다 못해 집을 나선다. 그러다가 도적의 소굴로 들어가 두목이 되어 결국에는 가난하고 억압받는 사람들을 위한 새로운 나라를 건설하고자 율도국을 향해 나아간다. 홍길동의 성격과 그의 삶을 결정하는 데에는 시대의 조건과 태어날 때부터 주어진 환경이 작용하였다. 이 모든 외부적 요소는 주체로서의 홍길동을 형성하는 데 함께 작용한 요소들이다. 만일 이러한 요소들이 없었다면 주체로서의 홍길동은 또 다른 모습으로 만들어졌을 것이다.

이러한 예에서 나타나듯이 참된 주체란 모든 것이 변해도 불변적으로 남는 어떤 실체 같은 것이 아니라 타자와의 관계를 자신의 구성적 요소로 내포하는 변별적 개념이다. 주체를 이렇게 이해할 때 다른 타자도 새롭게 이해할 수 있다고 데리다는 생각한다. 즉 타자란 단순히 조종될 수 있는 객체가 아니라 주체의 협력자이자 동시에 주체의 특성을 결정하는 요인들이다. 따라서 그것들은 더 이상 폄하될 수 없다.

데리다는 주체란 일방적으로 객체를 규정하는 주인이고 객체는 기껏해야 주체로부터 의미를 부여받는 대상이라고 간주하는 근대의 철학 사상은 무척 위험한 정치적 의도를 담고 있다고 생각한다. 이러한 사상을 한번 인간들 사이에 혹은 문명 내지 문화의 관계에 적용해 보면 그 위험성이 분명히 나타난나는 것이다. 인간들 사이도 주체와 객체라는 도식이 성립된다면, 인간이 인간을 지배하고 착취하게 될 것은 불 보듯 뻔한 일이다. 문화들 사이의 관계에 있어서도 마찬가지이다. 하나의 문화가 주체가 되고 다른 문화가 객체가 된다면 주체인 문화는 객체인 문화를 십중팔구 폄하하고 억압할 것이다.

문제는 계몽주의 이념으로 근대화한 서구 열강들이 이러한 주체와 객체 도식을 실제로 제3세계나 여타의 다른 문화 세계에 적용했다는 점이다. 유럽의 여러 국가들은 아프리카나 아시아를 침략하면서 자신들이 주체이며 대상국들은 객체라고 생각하였다. 그들은 자신들 문화를 강요하였으며 원주민들 문화는 말살하거나 적어도 폄하하였다. 데리다가 볼 때, 이러한 현실적 억압은 이미 근대적 계몽의 도식 속에 잠재했던 것이다. 따라서 이제 현실적 억압의 문제를 해결하기 위해서는 주체에 대한 이해를 달리 해야 한다.

주체는 변한다. 그 변화의 근저에 자유와 같은 어떤 궁극적 이념이 있어서가 아니다. 자유라는 이념은 비록 인류가 추구해야 할 가치이지만 그것이 권력이 되면 다시 억압의 수단으로 변한다. 우리는 단적인 예를 미국이라는 나라를 통해 살펴볼 수 있다. 미국은 자유국가이다. 자유란 미국인에게 최고이자 절대적인 가치이다. 그렇다고 해서 만일 그들이 내세우는 자유의 가치가 절대적이므로 모든 문명은 그 가치를 좇아야 한다고 생각하면 어떻게 될까?

사실 이러한 물음은 상상이 아니다. 미국은 중동의 많은 이슬람 국가에게 자신의 가치를 강요한다. 그렇게 되면 결국 남는 것은 억압과 전쟁일 뿐이다. 데리다는 이런 이유로 주체는 끊임없이 변하지만 그 변화의 근저에는 어떤 궁극적인 목적도 존재하지 않는다고 강조한다. 다만 주체들이 끊임없이 변화하는 가운데 서로 이해하지 못했던 부분들이 조금씩 이해될 뿐이다. 변화의 의미는 그 이상도 그 이하도 아니다.

푸코와 '광기의 역사'

데리다가 그 억압성 때문에 근대적 주체 개념을 비판한다면, 또 다른 현대 프랑스 철학자 미셸 푸코(Michel Foucault,

1926~1984)는 이성의 역사를 비판한다. 푸코는 서양의 세계관 속에서 당연하고 자연스럽게 받아들여지던 여러 이념적 진제들 뒤에 은폐된 이면과 계보를 현미경처럼 자세하게 드러내 보임으로써, 그러한 전제들에 귀속되어 왔던 정당성과 보편타당성의 허구적 성격을 폭로한다. 특히 그의 비판의 대상 중 하나가 바로 헤겔이 주장했던, 역사는 이성적으로 발전하여 왔다는 생각이다.

먼저 푸코는 서양 역사 속에서 이성과 비이성, 정상과 비정상의 구분이 언제부터 어떤 방식으로 전개되어 왔으며, 그러한 구분들은 어떤 정치사회적인 효과를 가져왔는지 분석하기 시작한다. 역사적으로 그러한 구분의 근거를 추적하던 푸코는 1656년과 1793년, 즉 근대 초기에 일어나는 사건들에 관하여 주목하기 시작한다. 그에 따르면 소위 '종합병원'이라는 이름을 가진 감금 시설이 들어선 것이 1656년이며, 인도주의적 의료개혁가인 필리프 피넬(Philipe Pinel, 1745~1826)이 이 병원에서 정신병자들을 풀어준 해가 1793년이다. 17세기 유럽에서는 사회에서 일탈하고 소외된 계층들, 다시 말해 떠돌이 노무자와 알코올 중독자나 거지 등을 대대적으로 가두고 수용하는 감금 시설이 들어서기 시작하는데 당시에 파리 시 전체 인구의 1퍼센트 이상이 이 시설에 수용된다.

푸코가 볼 때 이러한 사건은 결코 우연이 아니다. 왜냐하면 이때의 거대 감금 시설은 경제적 고려 이외에 부르주아 사회를 지탱하는 질서와 윤리를 효과적으로 확대 재생산해 나가는 정책의 일환이었기 때문이다. 이 과정에서 다른 수용자들과는 달리 광인들에게는 부르주아 사회의 미덕으로 간주되는 노동의 정당성을 효과적으로 주입할 수 없었다. 따라서 광기는 다른 비합리성과도 더욱 차별되는 특이한 질병으로 분류되기 시작하였으며, 그에 대해서는 구타나 고문이 유일한 처방으로 간주되었다.

그때부터 광인과 그들의 형태는 소위 정상인이라고 자처하는 사람들에게 완전히 낯선 타자로 인식되기 시작하였다. 이러한 모든 사회적 과정은 계몽적 이성의 시대에 들어서면서 불가피하게 이루어질 수밖에 없었던 일들이다. 이성과 비이성은 질적으로 차별화되었으며, 이성의 우위 앞에서 비이성은 침묵할 수밖에 없었다. 여기서 푸코가 고발하려던 것은 17세기에 이처럼 대규모로 일어난 대감금이라는 사건의 이면에 감추어진 이성의 계략이다. 그가 볼 때 대감금 사건은 권력의 총체적 전략이며 그 결과였다.

이를 입증해 내기 위해 푸코는 감금이라는 일반화된 사

회적 현상에서 출발하여 광기가 관련된 여러 논의들을 분석한다. 그 결과 푸코는 "권력과 지식은 서로 직접 포함하고 있다는 짐, 어떤 지식 영역과의 상관관계가 조립되지 않는 권력관계는 존재하지 않으며 동시에 권력적 관련을 상정하거나 조립하지 않는 지식은 존재하지 않음"을 입증한다. 이상과 같은 입증을 통해 푸코는 광인의 문제는 바로 인간의 문제임을 보여준다. 그가 볼 때 이성에 의해 건설한 인간 문명의 역사란 결국 이성과 권력의 결탁의 역사였다.

우리는 헤겔이 『정신현상학』을 통해 인간의 역사가 얼마나 이성적인 것인지 그리고 그 역사의 끝에 무엇이 있는지를 보여주려 시도했음을 알고 있다. 이성의 역사 끝에는 정신의 왕국이 있으며 인간은 이 왕국의 시민으로서 자유를 누릴 수 있다는 것이 헤겔이 보여주는 메시지이다. 하지만 푸코는 이러한 헤겔의 메시지를 정면으로 반박한다. 그는 심지어 헤겔의 이러한 메시지조차 권력과 결탁한 이성의 음모라고 일축한다. 이성은 자신과 다른 여타의 모든 것을 타자로 규정하고 그것들을 폄하하고 억압하기 위해서 권력을 사용한다는 것이다.

이성이 타자에 대해 이러한 권력을 행사하는 동안, 반대로 자신의 의도에 순종하는 시민들에게는 아름다운 꿈과 희망찬 미래를 제공해야 한다. 헤겔이 말하는 이성의 역사와 자유의 실현이라는 메시지는 이성이 그 시민들에게 제공하는 당근에 지나지 않는 셈이다. 이러한 사실은 현실 역사를 돌이켜 보면 더욱이 분명해진다고 푸코는 생각한다. 만일 이성주의자들이 말하듯이 인간의 역사가 그렇게 이성적이었다면, 근대 이후 전개된 역사 과정 속에서 일어난 엄청난 규모의 살육과 폭력을 어떻게 설명할 수 있다는 말인가!

지금도 이러한 폭력의 역사는 진행되고 있다. 지구상에는 어느 하루도 전쟁이 없는 날이 없다. 분명한 것은 이 모두가 끊임없이 지배하려는 권력욕과 광기에 기인한다는 사실이다. 이러한 현실 속에서 정말 우리가 해야 할 일은 아름다운 이성에 관해 이야기하는 일이 아니라 냉철하게 현실을 바라보고 그 폭력성을 폭로하는 일이 아닐까.

헤겔은 인간의 모든 문명과 역사를 이성적으로 바라보고 싶어 하였다. 하지만 실제적인 인간의 역사는 마르크스 혹은 현대의 포스트모던 철학자들이 생각하듯이 그렇게 이성적이지 않았다. 그렇다고 해서 인간의 모든 역사가 부정적이며 권력의 과정에 지나지 않는다고 말할 수 있을까? 오히려 우리 일상을 돌이켜 보면 우울한 일도 있지만 아름다운 일 또한 많이 있다. 아무리 진리가 상실되고 모든 것이 이념적 폭력처럼 보일지라도, 그래도 진리를 찾으려는 노력은 여전히 아름답다.

역사와 문명의 시대가 열린 이래 인간은 끊임없이 진리

를 추구하여 왔고 아름다운 미래를 꿈꾸어 왔다. 비록 아직까지 진리를 발견하지 못했다고 해서, 그것이 진리를 추구하는 일을 포기할 이유가 되지는 못한다. 인간은 헤겔이 말하듯이 욕구를 가진 존재이면서 동시에 이성을 가진 존재이다. 인간이 욕구를 가진 존재인 한 앞으로도 인간의 역사 속에는 끊임없이 갈등과 투쟁이 존재할 것이다. 반면 이성을 가진 존재이기에 인간은 이러한 혼란과 갈등의 역사 속에서 끊임없이 희망을 가질 수 있다. 다시 말해 인간에게 역사는 열린 공간이며 그 어느 방향으로도 갈 수 있는 길이다.

진리도 마찬가지일 터이다. 인간은 그 종이 존재하는 한 앞으로도 계속하여 진리를 추구하는 일을 포기하지 않을 것이다. 오히려 진리의 관점에서 보자면 이제까지의 시행착오는 새로운 길로의 약속이 될 수 있으며, 그 길은 우리가 기대하지도 못했던 희망의 길일 수도 있다. 그러니 진리 추구를 포기하지 않을 인간이라는 이름을 사랑하고 노력할 일이다.

다시, 헤겔을 읽다
사물의 본질을 통찰하는 법

지은이 이광모

1판 1쇄 펴냄 2019년 3월 27일

펴낸곳 곰출판
출판신고 2014년 10월 13일 제406-251002014000187호
전자우편 walk@gombooks.com
전화 070-8285-5829
팩스 070-7550-5829

ISBN 979-11-89327-02-6

이 도서의 국립중앙도서관 출판예정도서목록(CIP)은
서지정보유통지원시스템 홈페이지(http://seoji.nl.go.kr)와
국가자료종합목록시스템(http://www.nl.go.kr/kolisnet)에서 이용하실 수 있습니다.
(CIP제어번호 : CIP2019009164)